Kuharska knjiga Moringa

Več kot 100 rastlinskih receptov, ki uporabljajo superhrano moringo za krepitev zdravja in energije

Gregor Hudáček

Avtorski material ©2023

Vse pravice pridržane

Brez ustreznega pisnega soglasja založnika in lastnika avtorskih pravic te knjige ni mogoče uporabljati ali distribuirati na kakršen koli način, v obliki ali obliki, razen kratkih navedkov, uporabljenih v recenziji. Ta knjiga se ne sme obravnavati kot nadomestilo za zdravniški, pravni ali drug strokovni nasvet.

KAZALO

KAZALO 3
UVOD 7
ZAJTRK IN MALICA 8
    1. Moringa čaj 9
    2. Moringa Cupcake 11
    3. Honey Moringa Latte 13
    4. Skleda za kokosovo mleko Moringa 15
    5. Granola z malinami in moringo 17
    6. Polnozrnat kruh Moringa 20
    7. Moringa palačinke z gobovim nadevom 22
    8. Ledeni čaj z moringo, meto in limono 25
    9. Krofi s kakavom in moringo 27
    10. Palačinke Vanilla Moringa 30
    11. Kruh iz kislega testa z moringo 32
    12. Moringa in nasturtium Smoothie Bowl 34
    13. Ledeni čaj iz moringe, kumar in mete 36
    14. Temna vroča čokolada Moringa 38
    15. Moringa Vanilla Latte 40
    16. Zajtrk Smoothie Bowl 42
    17. Latte iz indijskih oreščkov Moringa 44
    18. Moringa čez noč oves 46
    19. Rose Moringa Latte 48
PRIGRIZKI IN PREDJEDI 50
    20. Mint Moringa Oreos 51
    21. Piškotki sreče Moringa 53
    22. Energijske kroglice Moringa ne pečemo 55

23. Moringa pokovka 57

24. Ploščice Pistacija Amarant Moringa 59

25. Skodelice z moringo in limono 62

26. Torte Moringa z bučnimi semeni 64

27. Surovi čokoladni kvadratki Moringa & Mint 67

28. Kakav, moringa in moringa makaroni 70

29. Moringa kolački za noč čarovnic 72

30. Krekerji Fonio & Moringa 75

31. Zdrave kroglice Moringa 77

32. Paradižnikov sašimi iz dediščine 79

33. Bliss kroglice s pistacijo in moringo 81

34. Pokovka z limeto in moringo 83

35. Moringa Mochi 85

36. Moringa čokolada z makadamijo 88

37. Moringa arašidov mochi 90

38. Muffini z borovničevo moringo 92

39. Ploščice granole Moringa 94

40. Pokovka Moringa Yuzu 96

41. Moringa mandljevi polmeseci 98

GLAVNA JED 101

42. Moringa leča kokosov kari 102

43. Špinača & Moringa Dhal 104

44. Poširan losos z zeleno zeliščno salso 107

45. Moringa in gobova juha z misom 109

46. Moringa piščančji curry z limeto 111

47. Z moringo prekajen piščanec z mangovo riževo solato 114

48. Čajni dimljeni jagnječji kotleti z miso omako 117

49. Moringa kuhana polenovka 120

OMAKE IN PESTO 122
50. Moringa v prahu pesto omaka 123
51. Moringa guacamole 125
52. Humus iz moringe in rdeče pese 127
53. Moringa omaka 129

SLADICA 131
54. Wasabi in kumarični sladoled 132
55. Moringa in jagodna torta 134
56. Moringa mandljevi sladoledi 136
57. Moringa rožičeve skodelice 138
58. Moringa Fudge 140
59. Superfood sladoled 142
60. Moringa in borovničev sorbet 144
61. Moringa ključna limetina pita 146
62. Skodelice z moringo in limono 148
63. Moringa sladoled 150
64. Moringa sladoled 152
65. Moringa skodelice indijskih oreščkov 154
66. Moringa Fudge 156
67. Moringa krema 158
68. Moringa kaki 160
69. Sladoled z absintom in meringue 162
70. Moringa sorbet 165
71. Puding s chia semeni 167
72. Pistacija moringa sladoled 169
73. Jagoda, oves in moringa 171
74. Moringa, Date & Banana Nice Cream 174
75. Banana Moringa Nice Cream 176

76. Moringa in malinovi prijatelji 178

77. Moringa tartufi 180

SMOOTHIJE IN KOKTAJLI 182

78. Moringa Smoothie 183

79. Brokoli, por, kumarični smoothie 185

80. Kakavov špinačni smuti 187

81. Moringa shake 189

82. Vanilla Moringa Avokado šejk 191

83. Moringa in metin čaj 193

84. Smoothie iz moringe, mace, lanenih semen in tahinija 195

85. Hladilnik za gin z jabolkom, rožmarinom in moringo 197

86. Moringa, meta, limona in limetina voda 199

87. Moringa probiotični kefir smoothie 201

88. Moringa bananin čokoladni smoothie 203

89. Moringa avokadov smoothie 205

90. Brokoli Moringa smoothie 207

91. Moringa Kale Smoothie 209

92. Moringa MCT shake 211

93. Smoothie z moringo in ingverjem 213

94. Moringa Limeade 215

95. Mint čokoladni šejk 217

96. Moringa Rum Shake 219

97. Moringa in kokosov frape 221

98. Moringa & Strawberry Frappé 223

99. Moringa jogurtov smoothie 225

100. Moringa sadni smoothie 227

ZAKLJUČEK 229

UVOD

Moringa, znana tudi kot "čudežno drevo", je rastlina, ki se že stoletja uporablja v tradicionalni medicini zaradi številnih zdravstvenih koristi. S svojo visoko hranilno vrednostjo in zdravilnimi lastnostmi je moringa vsestranska sestavina, ki jo lahko uporabite v različnih jedeh, da izboljšate njihov okus in povečate njihovo hranilno vrednost.

V tej kuharski knjigi Moringa boste odkrili več kot 100 okusnih in enostavnih receptov, ki vključujejo to neverjetno superživilo. Od slanih juh in enolončnic do svežih solat in smutijev – v tej kuharski knjigi se najde nekaj za vsakogar.

Toda koristi moringe presegajo le njen slasten okus. Polna je antioksidantov, vitaminov in mineralov, ki lahko pomagajo okrepiti vaš imunski sistem, izboljšajo prebavo in celo zmanjšajo tveganje za kronične bolezni, kot so diabetes in bolezni srca.

Ne glede na to, ali želite izboljšati svoje zdravje ali preprosto dodati malo raznolikosti svojim obrokom, je Moringa Cookbook popoln vir za vsakogar, ki želi izkusiti neverjetne prednosti te neverjetne rastline. Z navodili po korakih in sestavinami, ki jih je enostavno najti, boste v hipu zmešali okusne in hranljive obroke.

Moringa, superživilo, koristi za zdravje, hranilna vsebnost, enostavno za pripravo, okusno, slano, juhe, enolončnice, sveže, solate, smutiji, antioksidanti, vitamini, minerali, imunski sistem, prebava, kronične bolezni, diabetes, bolezni srca, vir , navodila po korakih, sestavine, ki jih je enostavno najti, hranljivi obroki..

ZAJTRK IN MALICA

1. Moringa čaj

Naredi: 2

SESTAVINE:
- 800 ml vode
- 5-6 lističev mete – natrganih
- 1 čajna žlička semen kumine
- 2 čajni žlički moringe v prahu
- 1 žlica limetinega/limoninega soka
- 1 čajna žlička ekološkega medu kot sladilo

NAVODILA:
a) Zavremo 4 skodelice vode.
b) Dodajte 5-6 listov mete in 1 čajno žličko semen kumine / jeera.
c) Pustimo vreti, dokler se količina vode ne zmanjša na polovico.
d) 2 čajni žlički moringe v prahu.
e) Ogenj uravnajte na visoko, ko se speni in dvigne, ogenj ugasnite.
f) Pokrijte s pokrovom in pustite stati 4-5 minut.
g) Po 5 minutah čaj precedite v skodelico.
h) Dodajte organski med po okusu in stisnite svež limetin sok.

2. Moringa Cupcake

SESTAVINE:
- ½ deviškega kokosovega olja namesto masla ali margarine
- ¾ skodelice sladkorja
- 3 jajca
- 2 skodelici večnamenske moke
- 3 žličke pecilnega praška
- 1 čajna žlička soli
- 1 čajna žlička vanilije
- ½ skodelice mleka
- 3 žlice moringe v prahu

NAVODILA:
a) Skupaj presejemo večnamensko moko, pecilni prašek in sol. Dati na stran.
b) Zmešajte deviško kokosovo olje in sladkor.
c) Dodajte jajca mešanici kokosovega olja in sladkorja. Zmešajte.
d) Dodajte in zmešajte vanilijo, mleko in moringo v prahu.
e) Nato dodamo odložene suhe sestavine.
f) Zmes vlijemo v pomaščen pekač za kolačke do dveh tretjin.
g) Pečemo v predhodno ogreti pečici na 450°F 25 minut.

3. Medena Moringa Latte

Naredi: 2 porciji

SESTAVINE:
- ½ čajne žličke moringe
- 1 skodelica mleka
- Neobvezno: med

NAVODILA:
a) Prašek moringe raztopite z brizganjem vroče vode, da nastane sirup.
b) Penite vroče mleko: lahko uporabite penilnik mleka ali segrejete v ponvi in dodate mleko v mešalnik s sirupom, da ustvarite učinek pene.

4. Moringa skleda za kokosovo mleko

Naredi: 2 porciji

SESTAVINE:
- 2 banani
- ½ skodelice kokosovega mleka
- ½ skodelice vode
- ¼ avokada
- 1 čajna žlička moringe
- Pokapajte med

NAVODILA:
a) Zmešajte svoje sestavine
b) Nalijte v lepo skledo
c) Okrasite z vašim najljubšim sadjem.

5. Granola z malinami in moringo

Naredi: 2

SESTAVINE:
- 1 skodelica staromodnega ovsa
- 2 ¼ skodelice večnamenske moke
- ⅔ skodelice sladkorja
- 1 žlica pecilnega praška
- 2 žlici moringe, presejane
- ½ čajne žličke soli
- 1 ¼ skodelice mleka
- 2 žlički vanilijevega ekstrakta
- 2 jajci, pretepeni
- 6-unčna posoda nemastnega grškega jogurta
- ⅓ skodelice kokosovega olja, v tekočem stanju
- 1 funt malin, narezanih na kocke
- Sprej proti prijemanju
- brusni sladkor, za zaključek

NAVODILA:
a) Pečico segrejemo na 200 stopinj Celzija. V vsak model položite 8 podlog za kolačke, nato pa nanje narahlo poškropite premaz proti prijemanju.
b) V eni posodi za mešanje zmešajte vse suhe sestavine. V drugi posodi za mešanje zmešajte vse mokre sestavine. Počasi vmešajte mokre sestavine v suhe, dokler se ravno ne premešajo. Nežno vmešamo na kocke narezane jagode. Z žlico ali zajemalko za sladoled napolnite podloge, dokler testo ne doseže zgornjega roba podloge.
c) Po vrhu potresemo s sladkorjem za hrustljavo skorjico mafinov.
d) Muffine prvih 10 minut pečemo pri 200 stopinjah Celzija, nato znižamo temperaturo na 80 stopinj Celzija še približno 12-15 minut, dokler vrhovi ne postanejo rahlo zlati in zobotrebec ne izstopi iz njih.
e) Ko so mafini dovolj ohlajeni, jih prestavite na rešetko za hlajenje. Če mafine postrežete takoj, se lahko prilepijo na podloge. Počakajte, da se popolnoma ohladijo in se morajo zlahka sprostiti.

6. Polnozrnati moringa kruh

Naredi: 2 majhni štruci

SESTAVINE
- 4 skodelice pirine moke
- 1 skodelica mešanih surovih semen
- 3 srednje velike korenčke, drobno narezane
- 2 skodelici tople vode
- 1,5 žličke kvasa
- 2 čajni žlički soli
- 2 žlici moringe v prahu

NAVODILA
a) Kvas zmehčamo v topli vodi.
b) Dodajte vse sestavine v veliko posodo za mešanje.
c) Mešajte, dokler ne nastane vlažno testo oziroma dokler niso vse sestavine navlažene. Če je na voljo, uporabite ročni mešalnik ali stoječi mešalnik s kavljem za testo.
d) Testo razporedite po pripravljenih mini pekačih. Testo potresemo s sezamom.
e) Dva majhna pekača za štruco postavite na srednjo rešetko hladne pečice. Temperaturo pečice nastavite na 400 °F.
f) Moringa kruh pecite 45-50 minut ali dokler ne morete vstaviti in odstraniti zobotrebca, ne da bi se testo prijelo na zobotrebec.

7. Moringa palačinke z gobovim nadevom

Naredi: 8 obrokov

SESTAVINE:
ZA PALAČINKE:
- 2 čajni žlički moringe v prahu
- 1 ½ skodelice ajdove moke
- 3 jajca, pretepena
- 2 skodelici ovsenega mleka
- ½ skodelice filtrirane vode
- ščepec roza soli
- 2 pesti sveže špinače
- majhna pest sveže bazilike
- 1 čajna žlička mešanice zelišč
- kokosovo olje, prepražimo

ZA NADEV:
- 2 stroka česna
- 250 g kostanjevih gob
- 2 čajni žlički kokosovega olja
- 1 čajna žlička mešanice zelišč
- ščepec roza soli + poper
- ⅔ skodelice domačega mleka iz indijskih oreščkov
- 1 žlica kosmičev hranljivega kvasa
- nekaj listov sveže bazilike
- majhna pest sveže špinače

NAVODILA:
a) Če želite pripraviti maso za palačinke, dodajte vse sestavine razen kokosovega olja v mešalnik in mešajte do gladkega.
b) V ponvi na srednji temperaturi raztopimo malo kokosovega olja in v ponev vlijemo par velikih žlic mase za palačinke. Palačinko cvremo na obeh straneh približno 2-3 minute, da porjavi.
c) Za nadev strite stroke česna in drobno nasekljajte kostanjeve gobe. Te prepražimo na malo kokosovega olja, dokler se ne zmehčajo, nato dodamo mešanico zelišč, rožnato sol in poper ter domače mleko iz indijskih oreščkov.
d) Ogenj zmanjšajte na rahlo vreti in mešajte, dokler se omaka ne zgosti. Nato dodamo kosmiče prehranskega kvasa, svežo baziliko in liste špinače. Mešajte, dokler listi ne ovenijo, nato pa ugasnite ogenj.
e) Nadev z žlico naložimo na palačinke, nato pa palačinko prepognemo.

8. Ledeni čaj z moringo, meto in limono

Naredi: 1 liter

SESTAVINE:
- 2 piramidi Cleanse: Moringa Super Tea
- 200 ml sveže kuhane vode
- 800 ml hladne vode
- 1 limona, narezana
- peščica listov mete

SLUŽITI:
- ledene kocke

NAVODILA:
a) Čajne piramide, rezine limone in liste mete v toplotno odpornem vrču prelijte z vrelo vodo in pustite vreti vsaj 10 minut. Odstranite čajne piramide, premešajte in pustite, da se čaj ohladi, preden dolijete hladno vodo.
b) Za serviranje dodajte ledene kocke.

9. Krofi s kakavom in moringo

Naredi: 6 krofov

SESTAVINE:
ZA KROFE:
- 1 čajna žlička moringe v prahu
- 1 čajna žlička super kakava v prahu
- ½ skodelice ajdove moke
- ¾ skodelice mletih mandljev
- ¼ čajne žličke sode bikarbone
- Ščepec roza soli
- ¼ skodelice kokosovega sladkorja
- 1 jajce, razžvrkljano
- ½ velike banane, pretlačene
- 1 žlica javorjevega sirupa
- brizg nesladkanega mandljevega mleka
- 1 žlica kokosovega olja za mazanje

ZA glazuro:
- 2 čajni žlički moringe v prahu za glazuro moringe
- 2 čajni žlički super kakavovega prahu za kakavovo glazuro
- 4 žlice kokosovega masla, delno stopljenega
- 2 žlici surovega medu ali javorjevega sirupa

ZA PRELIV:
- kakavovi zrnci
- sesekljanih lešnikov
- užitni cvetni listi vrtnic

NAVODILA:
a) Pečico segrejte na 180C.
b) Za pripravo krofov v veliko skledo dodajte ajdovo moko, mlete mandlje, sodo bikarbono, rožnato sol in kokosov sladkor.
c) V ločeni skledi zmešajte jajce, pretlačeno banano, javorjev sirup in mandljevo mleko ter nežno vmešajte mokre sestavine v suhe sestavine, dokler niso popolnoma združene. Mešanico razdelite v dve skledi in v eno vmešajte prašek moringe, v drugo pa kakav v prahu.
d) Pekač za krofe previdno namastimo s kokosovim oljem in obe zmesi za krofe vlijemo v modelčke.
e) Pečemo v pečici 12-15 minut in pustimo, da se ohladi na rešetki pred glaziranjem.
f) Za pripravo tako kakavove kot moringine glazure zmešajte delno stopljeno kokosovo maslo in med. Mešanico razdelite v dve skledi in v eno vmešajte prašek moringe, v drugo pa kakav v prahu. Če želite bolj tekočo konsistenco, dodajte kanček vrele vode ali še nekaj stopljenega kokosovega masla in dobro premešajte.
g) Krofe potopite v glazuro, dokler niso popolnoma prevlečeni, in jih na vrhu posujte z nasekljanimi lešniki, jedilnimi cvetnimi listi vrtnic ali kakavovimi zrni.

10. Palačinke Vanilla Moringa

Naredi: 2 porciji

SESTAVINE:
- 1¾ skodelice staromodnega valjanega ovsa
- 2 žlici nesladkane moringe v prahu
- 2 žlici mešanice vanilijevega pudinga brez sladkorja
- 1½ čajne žličke pecilnega praška
- 1 čajna žlička sode bikarbone
- ¼ čajne žličke soli
- 2 žlici kokosovega olja, stopljenega
- 1 žlica javorjevega sirupa
- 1 veliko jajce
- 1 čajna žlička vanilijevega ekstrakta
- 1½ skodelice 2% mleka z nizko vsebnostjo maščobe

NAVODILA:
a) Dodajte vse sestavine v mešalnik. Stopljeno kokosovo olje se lahko strdi v kombinaciji s hladnejšimi sestavinami, zato lahko mleko rahlo segrejete, da preprečite, da bi se to zgodilo, če želite.
b) Vse zmešajte v mešalniku, dokler ne dobite gladke tekočine.
c) Zmes za palačinke vlijemo v veliko skledo.
d) Pustite testo počivati 5 do 10 minut. To omogoči, da se vse sestavine združijo in testo dobi boljšo konsistenco.
e) Ponev ali rešetko, ki se ne sprijema, izdatno poškropite z rastlinskim oljem in segrejte na zmernem ognju.
f) Ko je ponev vroča, dodajte testo z merilno skodelico za ¼ skodelice in jo vlijte v ponev, da pripravite palačinke. Z merilno skodelico si pomagajte pri oblikovanju palačinke.
g) Pecite, dokler se stranice ne strdijo in na sredini ne nastanejo mehurčki, nato pa palačinko obrnite.
h) Ko je palačinka na tej strani pečena, jo odstavimo z ognja in preložimo na krožnik.
i) Nadaljujte s temi koraki s preostalim delom testa.

11. Kisli kruh z moringo

Naredi: 1 štruco

SESTAVINE:
- 1 skodelica močne moringe, mlačne
- 7 unč pšenične predjedi iz kislega testa
- 1 žlica soli
- 5 skodelic pšenične moke in olivno olje za skledo

NAVODILA:
a) Sestavine premešamo in dobro pregnetemo. Testo naj vzhaja v pomaščeni in pokriti skledi 1 uro.
b) Testo nežno vlijemo na pekač.
c) Hlebček nežno prepognemo in položimo na pomaščen pekač. Pustimo vzhajati še 30 minut.
d) Začetna temperatura pečice: 475°F.
e) Kruh postavite v pečico in na dno pečice poškropite skodelico vode. Zmanjšajte temperaturo na 400 °F.
f) Kruh pečemo približno 25 minut.

12. Skleda za smoothie iz moringe in nasturcij

Naredi: 1

SESTAVINE:
- 1 skodelica špinače
- 1 zamrznjena banana
- ½ skodelice ananasa
- ½ čajne žličke visokokakovostne moringe v prahu
- ½ čajne žličke vanilijevega ekstrakta
- ⅓ skodelice nesladkanega mandljevega mleka

PRELIV
- Chia semena
- Nasturtium

NAVODILA:
a) Vse sestavine za smoothie dajte v blender. Utripajte, dokler ni gladka in kremasta.
b) Smoothie prelijemo v skledo.
c) Potresemo s prelivi in takoj pojemo.

13. Ledeni čaj iz moringe, kumar in mete

Naredi: 2 porciji

SESTAVINE:
- 1 mini merica moringe v prahu
- 3 črpalke sirupa Cucumber & Mint Iced Tea
- Ohlajena voda + led

NAVODILA:
a) V skodelici zmešajte prašek Moringe in sirup
b) Do ¾ dolijemo vodo
c) Premešajte in dodajte led za polnjenje

14. Temna vroča čokolada Moringa

Naredi: 2 porciji

SESTAVINE:
- 1 merica temne vroče čokolade Fairtrade
- 1 mini merica moringe v prahu
- Parjeno mleko

NAVODILA:
a) Moringo zmešajte z brizgom vroče vode in zmešajte v gladko pasto
b) Dolijemo parjeno mleko, med prelivanjem mešamo

15. Moringa Vanilla Latte

Naredi: 2 porciji

SESTAVINE:
- 2 črpalki vaniljevega sirupa
- 1 mini merica moringe v prahu in več za posip
- Parjeno mleko

NAVODILA:
a) Zmešajte sirup in Moringo v skodelici z brizgom vroče vode
b) Zmešajte v gladko pasto
c) Dolijemo parjeno mleko, med prelivanjem mešamo
d) Poprašite z Moringo

16. Smoothie skleda za zajtrk

Naredi: 2 porciji

SESTAVINE:
- 2 banani
- ½ skodelice mandljevega mleka
- ½ skodelice vode
- ¼ avokada
- 1 čajna žlička moringe
- Pokapajte med

NAVODILA:
d) Zmešajte svoje sestavine
e) Nalijte v lepo skledo
f) Okrasite z vašim najljubšim sadjem.

17. Moringa latte iz indijskih oreščkov

Naredi: 2 porciji

SESTAVINE:
- ½ čajne žličke moringe
- 1 skodelica mleka iz indijskih oreščkov
- Neobvezno: med

NAVODILA:
c) Prašek moringe raztopite z brizganjem vroče vode, da nastane sirup.
d) Vroče mleko spenite iz indijskih oreščkov in dodajte v mešalnik s sirupom, da ustvarite učinek pene.

18. Moringa čez noč oves

Naredi: 1 porcijo

SESTAVINE
- ½ skodelice staromodnega ovsa
- ½ skodelice mleka ali alternativnega mleka po izbiri
- ¼ skodelice grškega jogurta
- 1 čajna žlička moringe v prahu
- 2 žlički chia semen
- 1 čajna žlička medu
- kanček vanilijevega ekstrakta

NAVODILA
a) Vse sestavine odmerite v kozarec ali skledo in dobro premešajte.
b) Ohladite in uživajte naslednje jutro!

19. Rose Moringa Latte

Izdeluje: 1

SESTAVINE:
- 2 čajni žlički moringe v prahu z rožnimi popki
- 1 žlica vroče vode
- 4 unče vročega ovsenega mleka ali drugega mleka
- 1 čajna žlička medu (neobvezno)

NAVODILA
a) Moringo v prahu presejte v skodelico.
b) Dodajte vodo in mešajte, dokler ne ostanejo nobene grudice.
Prilijemo mleko in mešamo, dokler se pijača ne speni.
c) Po želji vmešajte med.

PRIGRIZKI IN PREDJEDI

20. Mint Moringa Oreos

Naredi: 20-24

SESTAVINE:
- 1 ½ skodelice ovsene moke
- ½ skodelice kakava v prahu
- ½ skodelice kokosovega sladkorja ali belega/rjavega sladkorja
- ½ čajne žličke pecilnega praška
- ¼ čajne žličke soli
- ½ skodelice kokosovega olja
- ¼ skodelice mleka po izbiri

ZA METO Moringa KREMA
- 1 skodelica indijskih oreščkov – po možnosti namočenih 4 ure
- 2 žlici javorjevega sirupa ali tekočega sladila po izbiri
- 1 žlica kokosovega olja
- ¼ skodelice mleka
- 1 čajna žlička FERA Moringa
- 1 čajna žlička izvlečka mete

NAVODILA:
a) Pečico segrejte na 350°F.
b) V skledi zmešamo moko, kakav, sladkor, pecilni prašek in sol. Dodajte kokosovo olje in mleko. Zmešajte, da se poveže.
c) Testo prestavimo na dobro pomokano površino. Razvaljajte v ¼ palca debel pravokotnik in z okroglim modelčkom za piškote izrežite piškote.
d) Razporedimo po obloženem pekaču in pečemo 15-20 minut. Pustite, da se popolnoma ohladi.
e) Vse sestavine za nadev zmešajte v mešalniku do gladkega.
f) Na enega od piškotov namažemo tanko plast nadeva in na vrh položimo drugega.
g) Shranjujte v nepredušni posodi do 4 dni.
h) Uživajte!

21. Piškotki sreče Moringa

Naredi: 18 velikih piškotov sreče

SESTAVINE
- ¾ skodelice sladkorja
- 3 večji beljaki
- 4 unče nesoljenega masla, stopljenega in ohlajenega
- ½ skodelice večnamenske moke
- 1 žlica moringe v prahu
- 18 malih papirnatih srečelov

NAVODILA:
a) V srednje veliki posodi stepite sladkor z beljaki, maslom, moko in moringo v prahu do gladkega. Testo pokrijemo in postavimo v hladilnik za 1 uro.
b) Pečico segrejte na 325° in obložite pekač s silikonsko podlogo. Pri roki imejte skodelico za kavo in pekač za mafine standardne velikosti.
c) Na pekač z žlico razporedite dva 2-jušni žlici testa v velikosti 6 cm narazen. S pomočjo offset lopatice razporedite testo, da naredite dva 6-palčna kroga.
d) Pecite v sredini pečice 12 do 14 minut, dokler robovi ne porjavijo in so središča še svetla.
e) Pustite, da se ohladi 10 sekund, nato z lopatko obrnite eno tulico in na sredino postavite papirnato bogastvo. Tuilo prepognite na polovico in nato konca združite z robom skodelice za kavo, da naredite gubo. Piškotek sreče postavite v skodelico za mafine, da ohrani obliko. Ponovite z drugim tuilom. Če se tuila strdi, jo za nekaj sekund vrnite v pečico.
f) Ponovite s preostalim testom in bogastvom. Pustite, da se piškoti popolnoma ohladijo, preden jih postrežete.

22. Energijske kroglice Moringa ne pečemo

Naredi: 20 kroglic

SESTAVINE
- 1 zvrhana žlica listov moringe v prahu
- 1 skodelica mešanih semen
- 1 zvrhana žlička cimeta v prahu
- ½ čajne žličke sveže naribanega ingverja
- ⅔ skodelice rozin
- 1 čajna žlička vanilijevega ekstrakta

NAVODILA
a) Semena skupaj z moringo v prahu in cimetom zmeljte v kuhinjskem robotu, dokler ne dobite grobe kaše.
b) Dodamo rozine in vanilijev ekstrakt ter kuhamo, dokler se vse ne zlepi.
c) Zvaljajte v kroglice.
d) Postrezite takoj ali postavite v hladilnik.
e) V hladilniku bodo zdržali nekaj tednov.

23. Moringa pokovka

Naredi: 3-4

SESTAVINE:
POKOVKA:
- 100 g/½ skodelice pokovke
- 6 žlic stopljenega kokosovega olja

Moringa PRELIV:
- 2 čajni žlički moringe v prahu
- 4 žlice prehranskega kvasa
- ½ čajne žličke morske soli

NAVODILA

a) V majhni skledi zmešajte prehranski kvas, moringo v prahu in morsko sol.

b) Pokukajte pokovko v aparatu za pokovko ali v velikem loncu s 4 žlicami kokosovega olja.

c) Če uporabljate lonec, dodajte kokosovo olje in tri jedrca. Lonec pokrijemo s pokrovko in segrejemo na srednjo temperaturo.

d) Ko jedrca poskočijo, jih odstranite iz lonca in dodajte preostala jedrca. Pustite, da počijo, medtem ko lonec vsakih 10 sekund stresate, da se ne zažgejo.

e) Ko vsa jedrca popokajo, dajte pokovko v veliko skledo.

f) Po pokovki pokapljajte 2 žlici stopljenega kokosovega olja. Pokovko obrnite v skledi, da jo premažete z oljem.

g) Preliv Moringa potresemo po pokovki in dobro premešamo. Dodamo sol po okusu.

h) Uživajte!

24. Ploščice Pistacija Amarant Moringa

Naredi: 9 palic

SESTAVINE
PLAST SKORJE:
- ⅓ skodelice napihnjenega amaranta
- ½ skodelice olupljenih pistacij
- ½ skodelice posušenega kokosa
- ¼ čajne žličke cimeta
- ¼ čajne žličke kardamoma
- ščepec roza soli
- 3 žlice masla iz bučnih semen
- 3 žlice javorjevega sirupa

Moringa PLAST:
- 1 ½ skodelice indijskih oreščkov, namočenih čez noč
- 1 žlica moringe v prahu
- 1 limeta, lupinica
- 1 limeta, sok
- ¼ skodelice javorjevega sirupa
- 1 čajna žlička vanilije
- ½ skodelice mandljevega mleka
- 1 skodelica kokosovega masla
- 2 žlici kokosovega olja

NAVODILA
a) Pripravite kvadratni pekač za torto z odstranljivim dnom.
b) Oluščene pistacije dajte v kuhinjski robot ali hitri mešalnik in nekajkrat premešajte, dokler niso grobo zmlete.
c) Dodajte posušeni kokos, cimet, kardamom in sol ter mešajte, dokler se ne poveže.
d) Vse skupaj zajemite v srednje veliko skledo in vmešajte napihnjen amarant.
e) V majhni skledi zmešajte maslo iz bučnih semen z javorjevim sirupom in zdaj vmešajte v preostalo mešanico, da dobite lepljivo teksturo.
f) Zmes za skorjo z žlico naložimo v pekač, enakomerno razporedimo po podlagi in močno pritisnemo.
g) Postavite v hladilnik.
h) V parnem kotlu rahlo stopite kokosovo maslo s kokosovim oljem in odstavite.
i) Namočene indijske oreščke sperite pod tekočo vodo in jih dajte v blender. Dodajte moringo v prahu, limetino lupinico, sok, javorjev sirup, vanilijo in mandljevo mleko ter mešajte do gladkega. Počasi dodajte stopljeno kokosovo maslo in mešajte, dokler ni mešanica. Prepričajte se, da je mešanica sobne temperature, preden dodate kokosovo maslo.
j) Z žlico nanesite na plast skorje in zgladite vrh.
k) Postavite v zamrzovalnik za nekaj ur ali čez noč, da se strdi.
l) Ko strdi, ga previdno vzemite iz pekača in z ostrim nožem razrežite na 9 kvadratov.
m) Potresite z več praška Moringe in zdrobljenimi pistacijami.

25. Skodelice z moringo in limono

Naredi: 10

SESTAVINE:
- ½ skodelice kokosovega masla
- ½ skodelice makadamije
- ½ skodelice kakavovega masla
- ¼ skodelice kokosovega olja
- ¼ skodelice Swerve, v prahu
- 1 žlica limonine lupinice, drobno naribane
- 1 čajna žlička moringe v prahu

NAVODILA:
a) Začnite tako, da vse sestavine, razen limonine lupinice in moringe, minuto zmešate v kuhinjskem robotu, da se vse povežejo.
b) Mešanico razdelite v dve skledi. Preden ga razdelite na pol, ga je treba čim bolj enakomerno razpoloviti.
c) Moringa v prahu je treba dati v ločeno skledo. V določeni jedi združite limonino lupinico in ostale sestavine.
d) Pripravite 10 mini skodelic za mafine, tako da jih do polovice napolnite z mešanico moringe in jih nato prelijete z žlico in pol vaše limonine mešanice. Dati na stran. Prepričajte se, da je stal v hladilniku vsaj eno uro, preden ga postrežete.

26. Torte Moringa iz bučnih semen

Naredi: 10 obrokov

SESTAVINE
KOLAČKI
- ½ skodelice kokosove moke
- ½ skodelice tapiokine moke
- ½ skodelice bučnih semen
- 2 čajni žlički moringe v prahu
- ½ čajne žličke sode bikarbone
- ¼ čajne žličke soli
- 4 jajca, sobne temperature
- ½ skodelice kokosovega olja in še več za mazanje modelčkov za mafine
- ½ skodelice medu

ZAMRZOVANJE
- ½ skodelice palmove masti pri sobni temperaturi
- 2 žlici medu
- ½ čajne žličke vanilijevega ekstrakta
- Stopljena čokolada in bučna semena, za preliv

NAVODILA

a) Pečico segrejte na 375°F. Silikonski pekač za muffine namastite s kokosovim oljem ali pa pekač za muffine obložite s peki papirji.

b) Kokosovo moko, tapiokino moko, bučna semena, moringo v prahu, sodo bikarbono in sol pretlačite v kuhinjskem robotu, dokler se bučna semena ne zmeljejo v fino moko.

c) Dodajte jajca, olje, med in pire do gladkega.

d) Z žlico nadevamo v skodelice silikonskega modela ali pekača za mafine, ki jih postavimo v ogreto pečico. Zmanjšajte temperaturo na 350 °F in pecite 20–25 minut ali dokler vstavljeni tester ne pride ven čist, nato pa odstavite, da se ohladi.

e) Za glazuro stepite mast, med in vanilijo, dokler ni gladka. Namestite vrečko za pecivo s spojko in konico, nato pa v vrečko za pecivo naložite glazuro. Ko se kolački ohladijo, jih na vrh nanesite z glazuro v obliki po vaši izbiri.

f) Prelijemo s stopljeno čokolado in še bučnimi semeni. po želji.

27. Čokoladni kvadratki surove moringe in mete

Naredi 12 kvadratov

SESTAVINE:
BAZA:
- 1 skodelica mandljev
- 2 žlici kakava v prahu
- 1 skodelica Medjool datljev
- ščepec soli

METINO POLNJENJE:
- 2 čajni žlički moringe v prahu
- 1 ½ skodelice indijskih oreščkov
- ¼ skodelice svežih listov mete
- ¼ skodelice javorjevega sirupa/riževega sirupa/surovega medu
- ½-¾ skodelice nemlečnega mleka
- ¼ skodelice stopljenega kokosovega olja
- ekstrakt poprove mete, po okusu

SUROVI ČOKOLADNI PRELIV:
- ⅓ skodelice stopljenega kokosovega olja
- ¼ skodelice kakava v prahu
- 2 žlici javorjevega sirupa/surovega medu
- ščepec soli
- kakavovi zrni za okras

NAVODILA:

a) Za osnovo mešajte mandlje v kuhinjskem robotu, dokler ne dobite grobe moke. Dodajte sol, kakav v prahu in datlje ter ponovno mešajte, dokler se zmes ne zlepi s prstom in palcem.

b) Enakomerno vtisnemo v pekač, obložen s peki papirjem in postavimo v zamrzovalnik, medtem ko pripravljamo nadev.

c) V zmogljivem mešalniku ali kuhinjskem robotu zmešajte indijske oreščke, metine liste, tekoče sladilo, Moringo in mleko brez mleka, dokler ni zelo gladko. Dodajte stopljeno kokosovo olje in ponovno premešajte. Na koncu dodajte ekstrakt mete, ponovno premešajte in poskusite. Po potrebi dodajte še malo.

d) Metin nadev vlijemo na pripravljeno podlago in zgladimo z lopatko. Pločevinko vrnite v zamrzovalnik. V srednje veliki skledi stepemo čokoladne sestavine. Pustite minuto, da se nekoliko ohladi.

e) Prelijte čez metin nadev, ki ga enakomerno porazdelite.

f) Potresemo s kakavovimi zrnci in vrnemo v zamrzovalnik, da se popolnoma strdi. Narežite na kvadrate in postrezite takoj ali iz hladilnika za mehkejšo teksturo.

28. Kakav, moringa in moringa makaroni

SESTAVINE:
- ½ skodelice naribanega kokosa
- 1 žlica moringe v prahu
- 1 zvrhana žlica moringe
- 3 žlice sezamovih semen
- 2 žlici surovih kakavovih zrn
- ščepec morske soli
- 5 žlic javorjevega sirupa
- 4 žlice kokosovega olja
- 2 žlici masla iz indijskih oreščkov
- 1 strok vanilije ali 1 čajna žlička ekstrakta vanilije

KAKAOVA PLAST:
- 2 žlici praška Philosophie Cacao Magic

NAVODILA:
a) V skledi zmešamo vse suhe sestavine.
b) Dodajte mokre sestavine, dobro premešajte, dokler se tekstura ne izenači.
c) Zdaj imate dve možnosti: mešanico lahko stisnete v pladenj za ledene kocke in zamrznete za 2 uri.
d) Po tem so vaši makaroni pripravljeni za razvajanje. Ne pozabite jih hraniti v hladilniku.
e) Zmes oblikujte v kroglice, nato pa jih povaljajte v kakavovi čarovniji in kakavovih zrnih za prijetno zdrav čokoladni pridih.
f) Zamrznite za 2 uri, nato pa hranite v tesno zaprti posodi v hladilniku.

29. Moringa kolački za noč čarovnic

Naredi: 12

SESTAVINE:
ZA TORTE:
- 4 čajne žličke moringe v prahu
- 120 g riževe moke
- 150 g mletih mandljev
- 2 čajni žlički pecilnega praška brez glutena
- 170 g stopljenega kokosovega olja
- 150 ml javorjevega sirupa
- 3 velika jajca
- 160 ml nesladkanega mandljevega mleka
- 1 čajna žlička vanilijevega ekstrakta

ZA GLAZIDO:
- 2 čajni žlički moringe v prahu
- 2 x pločevinka polnomastnega kokosovega mleka
- 1 žlica javorjevega sirupa
- 1 čajna žlička vanilijevega ekstrakta
- sok 1 limete
- 6 jagod, prepolovljenih

NAVODILA:

a) Pečico segrejte na 170°C in pekač za kolačke z 12 luknjami obložite s pekači za kolačke.

b) Za pripravo kolačkov zmešajte riževo moko, mlete mandlje, pecilni prašek in moringo v prahu v veliki skledi za mešanje.

c) Dodajte kokosovo olje, javorjev sirup, jajca, mandljevo mleko in vanilijo v mešalnik ali kuhinjski robot in 4-krat premešajte.

d) Mokre sestavine vlijemo v suhe sestavine in dobro premešamo. Maso enakomerno razporedite po pripravljenih posodicah za kolačke.

e) Pecite v pečici 25 minut ali dokler nabodalo ali nož ne izstopita čista.

f) Za pripravo glazure odstranite debelo zgornjo plast vsake pločevinke kokosovega mleka in jo položite v veliko skledo. Stepajte 1-2 minuti, dokler ne postane gosta in kremasta. Dodajte javorjev sirup, moringo, vanilijo in limetin sok, preden ponovno mešate še eno minuto.

g) Kolačke pustite, da se ohlajajo v pladnju 15 minut, preden jih postavite na rešetko za hlajenje.

h) Vsako ohlajeno torto nanesite ali namažite z glazuro in okrasite z jagodami.

30. Fonio & Moringa krekerji

Naredi 10

SESTAVINE:
ZA KREKERJE:
- ¾ skodelice Fonio Super-Grain, zmešanega v moko
- 1 čajna žlička moringe v prahu
- 1 skodelica bučnih semen
- ¾ skodelice sončničnih semen
- ½ skodelice lanenih semen, celih semen
- ½ skodelice chia semen
- ⅓ skodelice ovsenih kosmičev brez glutena
- 2 žlici makovih semen
- ½ čajne žličke soli
- ½ čajne žličke popra
- ¼ čajne žličke kurkume v prahu
- 2 žlici čilijevega oljčnega olja ali navadnega oljčnega olja
- ½ skodelice vode

ZA SIROVO DESKO:
- Orehi
- Suho sadje
- Sveže sadje
- Veganski sir

NAVODILA:
a) Pečico segrejte na 190°. V skledi zmešamo vse suhe sestavine.
b) Dodamo olivno olje in vodo, dobro premešamo, dokler ne nastane testo.
c) Zmes razdelite na dva dela. Vzamemo eno polovico in vmes položimo na kose peki papirja ter razvaljamo testo 2-3 mm debelo.
d) Narežemo na želene oblike in jih preložimo na pekač. Ponovite korake z drugo polovico testa. Pečemo 20-25 minut ali dokler robovi niso zlato rjavi.
e) Pustite, da se ohladi 10 minut. Postrezite z izbranim sadjem, oreščki, siri in omakami.

31. Zdrave kroglice Moringa

Naredi: 14 energijskih kroglic

SESTAVINE:
- ½ skodelice oluščenih pistacij
- ¾ skodelice indijskih oreščkov
- 12 datljev brez koščic
- ¼ skodelice naribanega kokosa, nesladkanega
- 2 čajni žlički moringe v prahu
- 1 žlica kokosovega olja

NAVODILA:
a) Vzemite ¼ skodelice pistacij in jih predelajte v kuhinjskem robotu, dokler niso fino zmlete. Odstranite v ločeno skledo in postavite na stran.
b) Dodajte indijske oreščke, preostalo ¼ skodelice pistacij, datlje, kokos, moringo v prahu in kokosovo olje. Dobro mešajte, dokler se drobno ne sesekla in zmes postane lepljiva.
c) Zmes zajemamo v kroglice, ki jih valjamo z rokami.
d) Kroglice povaljajte v mletih pistacijah in ohladite 15 minut! Uživajte!

32. Paradižnikov sašimi iz dediščine

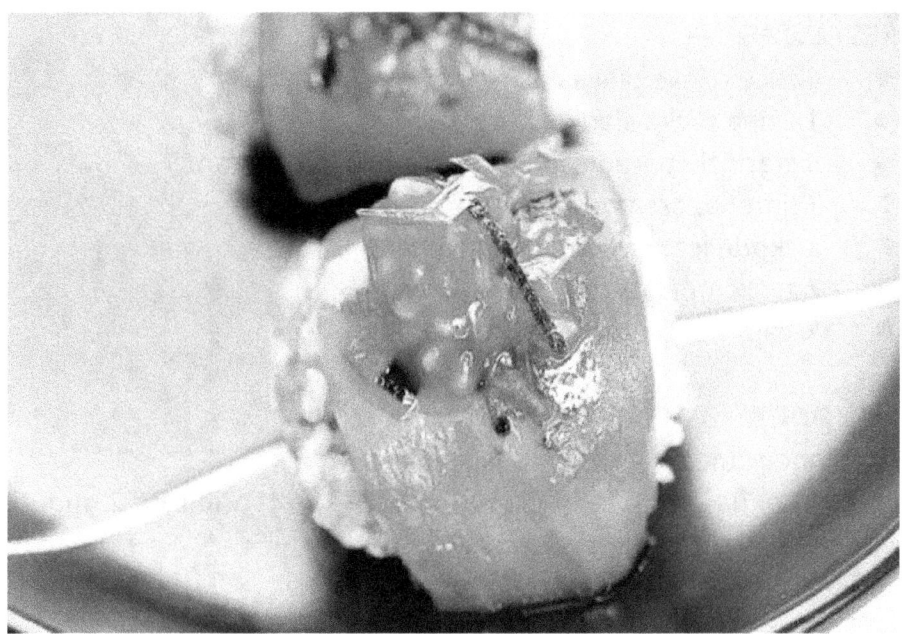

Naredi: 6

SESTAVINE:
- 4 žlice riževega kisa
- 1 čajna žlička sladkorja
- 3 starinski paradižniki, brez sredice in narezani
- 1 limona, prerezana na pol
- 1 skodelica naribanega daikona
- 2 žlički morske soli
- ¼ čajne žličke moringe

NAVODILA:
a) V loncu zmešajte rižev kis in sladkor.
b) Pustite, da skoraj zavre, in nato pustite vreti približno 2 minuti.
c) Odstavimo z ognja in popolnoma ohladimo.
d) Paradižnik razdelite na 2 servirna krožnika.
e) Spritz reduciranega kisa po paradižnikih.
f) Na stran vsakega krožnika položite polovico 1 limone.
g) Na vrh vsakega krožnika položite ½ polovice daikona.
h) Razdelite ga med dve posodi.
i) Čez paradižnike ožamemo limono.
j) Zmešajte moringo in moringo v prahu.
k) Po vrhu potresemo mešanico Moringa/sol.

33. Bliss kroglice s pistacijo in moringo

Naredi: 4 porcije

SESTAVINE:
- 1 čajna žlička moringe
- ½ skodelice surovih indijskih oreščkov
- ½ skodelice nesladkanega posušenega kokosa
- 20 ml žlice mandljevega zdroba
- 20 ml žlic kokosove moke
- 20 ml žlice vode
- 20 ml žlic riževega sladnega sirupa
- 20 ml jedilne žlice ekstra deviškega kokosovega olja, stopljenega
- ¼ skodelice oluščenih pistacij, sesekljanih

NAVODILA:
a) V kuhinjskem robotu zmešajte indijske oreščke, kokos, mandljevo moko, kokosovo moko in moringo v prahu, dokler ne dobite teksture drobnih drobtin.

b) Dodajte vodo, sirup iz riževega slada in stopljeno kokosovo olje ter mešajte, dokler se vse dobro ne premeša. Zmes mora biti dovolj lepljiva, da se drži skupaj, vendar ne tako lepljiva, da je ne bi mogli razvaljati v kroglice. Če je zmes preveč lepljiva, dodamo še malo kokosove moke. Če je presuho, dodajte še malo vode.

c) Zmes zvaljamo v kroglice in jih obložimo z nasekljanimi pistacijami, ki jih rahlo vtisnemo v kroglice, da ostanejo. Kroglice pustimo v hladilniku, da se strdijo. Shranjujte v hladilniku v nepredušni posodi.

34. Pokovka z limeto in moringo

Naredi: 2 porciji

SESTAVINE
- 1 žlica kokosovega olja
- ¼ skodelice pokovke
- 2 žlici sladkorja
- 1 žlica veganskega masla
- ½ čajne žličke vode
- 1 čajna žlička moringe v prahu
- 1 čajna žlička zelo drobno sesekljane limetine lupinice

NAVODILA
a) V velikem in globokem loncu ali kozici na zmernem ognju segrejte olje. V lonec dodajte nekaj zrn pokovke in počakajte, da popokajo.
b) Ko poknejo, dodajte preostala zrna pokovke, premešajte, da jih prekrijete z oljem, in odstavite z ognja. Počakajte 30-50 sekund in lonec pristavite nazaj na kuhalnik.
c) Pokrijemo s pokrovko in počakamo, da jedrca popokajo. Ko začne pokati, lonec nekajkrat pretresite, da se vsa jedrca enakomerno skuhajo. Nadaljujte s kuhanjem, dokler ne poskočijo vsa jedrca. Odstranite z ognja in prenesite v veliko skledo za mešanje.
d) Dodajte sladkor in vegansko maslo v majhno ponev. Lahko dodate tudi ščepec soli. Segrevajte na zmernem ognju in pustite vreti približno 1 minuto. Dodamo vodo, premešamo in kuhamo še 20 sekund oziroma dokler se sladkor popolnoma ne raztopi.
e) Med istočasnim mešanjem prelijemo pokovko, da se enakomerno prekrije s sirupom. Presejte prašek moringe na pokovko in premešajte, da se prekrije. Dodamo limetino lupinico in ponovno premešamo.
f) Postrezite takoj! To pokovko je najbolje postreči še isti dan, lahko pa jo pogrejete naslednji dan v predhodno ogreti pečici na 350 °F za približno 5 minut.

35. Moringa Mochi

Naredi: 6 mochijev

SESTAVINE
KREMA IZ INDIJSKIH OREŠČKOV
- ½ skodelice surovih indijskih oreščkov, namočenih čez noč
- ½ skodelice vode

Moringa POLNILO
- 50 g kakavovega masla
- 45 g sladkorja v prahu
- 1 čajna žlička moringe v prahu uporabite ceremonialni razred za najboljši okus
- 2 žlici kreme iz indijskih oreščkov
- ¼ čajne žličke vanilijevega ekstrakta

MOCHI TESTO
- ½ skodelice sladke riževe moke
- 2 žlici belega sladkorja
- 6 žlic mandljevega mleka ali drugega rastlinskega mleka
- 1 in ½ žličke olja
- ¼ čajne žličke moringe v prahu

NAVODILA
KREMA IZ INDIJSKIH OREŠČKOV
a) Indijske oreščke odcedimo in jih skupaj z vodo dodamo v hitri mešalnik. Mešajte pri visoki moči 30-50 sekund ali dokler ni gladka. Prestavimo v skledo in odstavimo.

Moringa POLNILO
b) V majhni kozici raztopite kakavovo maslo. Odstavite z ognja takoj, ko se stopi. Kakavovo maslo ne sme biti vroče. Če je prevroče, pustite, da se ohladi nekaj minut ali do sobne temperature.

c) Stopljeno kakavovo maslo prenesite v majhno skledo. Dodajte sladkor v prahu, moringo, kremo iz indijskih oreščkov in vanilijo.

d) Mešajte, dokler se popolnoma ne združi, in mešajte 2-3 minute ali dokler se rahlo ne zgosti.

e)
f) Prenesite v hladilnik in hladite približno 2 uri ali dokler se ne strdi.
g) Mochi testo
h) V majhni skledi zmešajte sladko riževo moko, beli sladkor, mandljevo mleko, olje in moringo v prahu.
i) Zavremo lonec z vodo in na vrh postavimo bambusovo košaro za kuhanje na pari.
j) Mešanico prenesite v posodo, ki bo ustrezala vašemu bambusovemu parniku.
k) Zaprite s pokrovom in kuhajte na pari 20 minut. Na polovici kuhanja na pari premešamo z žlico.
l) Po 20 minutah pustite, da se testo ohladi 15-20 minut ali dokler ni ravno toplo. Prenesite v skledo in z leseno žlico dobro premešajte, dokler testo ni gladko.
m) Lepljivo testo zavijte v plastično folijo in postavite v hladilnik za približno 45 minut.
n) Oblikovanje: Izvlecite 1,5 čajne žličke kroglic nadeva Moringa in jih previdno razvaljajte v kroglice, ki jih postavite na stran. Delovno površino potresemo s koruznim škrobom. Vzemite majhno količino testa za mochi in ga na poprašeni površini sploščite v krog.
o) Na sredino testa položite kroglico nadeva in testo ovijte okoli nadeva. Stisnite robove, da zaprete. Prenesite na krožnik z zaprto stranjo obrnjeno navzdol. Ponovite s preostalim nadevom in testom.
p) Takoj uživajte ali pa za nekaj ur postavite v hladilnik. Mochi je najbolje postreči še isti dan, vendar bo v hladilniku zdržal do 3 dni.

36. Moringa čokolada z makadamijo

Naredi: 2 porciji

SESTAVINE:
- 10 g kakavovega masla
- 3 žlice trdnega kokosovega olja
- 2 čajni žlički moringe v prahu
- 1 čajna žlička surovega kakava v prahu
- 2,5 žlice tekočega sladila
- ščepec vanilijevega ekstrakta
- ščepec morske soli
- 1 čajna žlička limonine lupinice
- Prelivi po izbiri. Izbrala sem makadamije, pepita in goji jagode.

NAVODILA:
a) Pekač obložimo s papirjem za peko.
b) V skledo dodajte kakavovo maslo in jo postavite na majhen lonec z vrelo vodo.
c) Stopite kakavovo maslo in dodajte kokosovo olje.
d) Pustite, da se stopi in premešajte z leseno ali silikonsko lopatko.
e) Dodajte moringo in kakav v prahu ter premešajte.
f) Dodajte vanilijo, morsko sol in sladilo po izbiri ter mešajte, dokler se vse ne poveže.
g) Posodo odstavimo z ognja in še naprej počasi mešamo, dokler se čokolada ne začne rahlo strjevati.
h) Dodamo limonino lupinico in še naprej mešamo, da se enakomerno porazdeli.
i) Čokolado vlijemo v pripravljen pekač in dodamo svoje prelive.
j) Postavite v hladilnik in pustite, da se popolnoma strdi.

37. Moringa arašidov mochi

SESTAVINE:
MOČI:
- 300 g lepljive riževe moke
- 50 g pšeničnega škroba
- 75 g sladkorja v prahu
- 1 ½ žlice olja
- 450 ml vode
- ½ čajne žličke moringe v prahu

ARAŠIDOV NADEV:
- 300 g mešanih praženih arašidov
- 100 g sladkorja v prahu
- ¼ čajne žličke soli

MOKA ZA PREMAZ IN POSIPANJE:
- 200 g riževe moke, pražimo 20 minut na zmernem ognju.

NAVODILA:
a) Zmešajte vse sestavine za mochi, dokler se dobro ne povežejo. Precedite in vlijte v pomaščen pekač za kuhanje v sopari ter kuhajte na zmernem ognju 25 minut.

b) Ko je mešanica riževe moke dovolj ohlajena, jo postrgajte na delovno površino, rahlo potreseno z moko za posip.

c) Testo za kuhanje razdelite na majhne porcije, približno 35-40 g vsakega z ostrim nožem, potresenim v moki.

d) Delajte po kosih naenkrat in si roke potresite z moko, da se prepreči prijemanje, vsak kos razvaljajte v kroglico.

e) Žogo sploščite, nato pa jo z rokami oblikujte v okrogel krog premera 8 cm.

f) Zmešajte vse sestavine za nadev, nato pa žlico nadeva položite na sredino kroga, nato pa robove pomaknite čez nadev, da jih objamejo, in jih dobro stisnite skupaj, da se zaprejo.

g) Nežno ponovno razvaljajte v krog, rahlo pritisnite na vrh, da se malo splošči.

h) Mochi potresemo z moko, da zgladimo površino.

i) Mochi bo shranjen v nepredušni posodi do 2 dni.

38. Borovničevi mafini Moringa

SESTAVINE
MOKRO:
- ½ skodelice moringe
- 1 čajna žlička limonine lupinice
- ½ skodelice polnomastnega mleka, toplo
- 1 palčka nesoljenega masla, stopljenega
- 2 jajci

SUHO:
- 2-½ skodelice večnamenske moke brez glutena
- 2 žlički pecilnega praška
- ¼ čajne žličke sode bikarbone
- 1 skodelica belega granuliranega sladkorja
- 1 čajna žlička košer soli
- 1 skodelica svežih borovnic

NAVODILA:
a) Pečico segrejte na 350 stopinj.
b) V blenderju. dodajte vse mokre sestavine in jih pustite stati deset minut, nato zmešajte do gladkega.
c) Zmes bo zaradi moringe postala indigo in bo videti nekoliko gosta zaradi stopljenega masla. Postavite ga na stran.
d) V veliko skledo dodajte moko brez glutena, pecilni prašek, sodo bikarbono, sladkor in košer sol ter premešajte.
e) Prihranite četrtino skodelice suhe mešanice in premešajte borovnice, dokler niso prekrite, ter jih odstavite. To bo absorbiralo odvečno vlago in preprečilo, da bi spremenili konsistenco testa.
f) Medtem v veliki skledi z lopatko vmešajte mokre sestavine v suhe sestavine. Mešanica se bo spreminjala v modrih odtenkih in to je v redu. Ko je testo videti združeno, potresite vanj borovnice in jih nežno premešajte.
g) Sestavite svoje modelčke za mini muffine s podlogami za muffine.
h) Z zajemalko napolnite modelčke za mini mafine do ¾.
i) Mafine pečemo 10 minut oziroma dokler zabodeni zobotrebec ne izstopi čist.

39. Moringa granola ploščice

Naredi: 4 porcije

SESTAVINE:
- 2 skodelici ovsenih kosmičev, po želji brez glutena
- 1 skodelica pepita
- 1 ½ skodelice nesladkanih napihnjenih riževih kosmičev
- ½ skodelice suhega sadja, grobo sesekljanega
- ¼ čajne žličke kosmičaste morske soli
- 1½ žlice moringe v prahu
- ⅓ skodelice rjavega riževega sirupa
- 3 žlice javorjevega sirupa
- ½ skodelice tahinija
- 2 žlici kokosovega olja
- 1 čajna žlička vanilijevega ekstrakta

NAVODILA:
a) Pečico segrejte na 325°F/160°C.
b) Združite oves in pepita na pekač in pecite 10-15 minut, enkrat ali dvakrat premešajte, dokler kosmiči ne postanejo zlati in imajo aromo po oreščkih.
c) V majhni ponvi zmešajte sirup rjavega riža, javorjev sirup, tahini, kokosovo olje in vanilijo.
d) Stepajte, da se združi. Ne pregrevajte.
e) V veliki skledi zmešajte ohlajen oves in bučna semena s sesekljanim suhim sadjem, riževimi lističi, soljo in moringo v prahu.
f) Mokre sestavine prelijemo čez suhe sestavine in na hitro premešamo, da se premešajo.
g) Zmes vlijemo v pekač za brownije, obložen s plastično folijo ali papirjem za peko. Zmes močno pritisnite, še posebej v kote.
h) Postavite v hladilnik za nekaj ur, da se strdi, nato pa ga vzemite iz hladilnika in narežite na ploščice. Ostanke hranite v hladilniku največ dva tedna.

40. Pokovka Moringa Yuzu

Naredi: 2 porciji

SESTAVINE
- 1 žlica kokosovega olja
- ¼ skodelice pokovke
- 2 žlici sladkorja
- 1 žlica veganskega masla
- ½ čajne žličke vode
- 1 čajna žlička moringe v prahu
- 1 čajna žlička zelo drobno sesekljane lupine in soka yuzuja

NAVODILA
g) V velikem in globokem loncu ali kozici na zmernem ognju segrejte olje.
h) V lonec dodajte nekaj zrn pokovke in počakajte, da popokajo.
i) Ko poknejo, dodajte preostala zrna pokovke, premešajte, da jih prekrijete z oljem, in odstavite z ognja. Počakajte 30-50 sekund in lonec pristavite nazaj na kuhalnik.
j) Pokrijemo s pokrovko in počakamo, da jedrca popokajo. Ko začne pokati, lonec nekajkrat pretresite, da se vsa jedrca enakomerno skuhajo. Nadaljujte s kuhanjem, dokler ne poskočijo vsa jedrca. Odstranite z ognja in prenesite v veliko skledo za mešanje.
k) Dodajte sladkor in vegansko maslo v majhno ponev. Lahko dodate tudi ščepec soli. Segrevajte na zmernem ognju in pustite vreti približno 1 minuto. Dodamo vodo, premešamo in kuhamo še 20 sekund oziroma dokler se sladkor popolnoma ne raztopi.
l) Med istočasnim mešanjem prelijemo pokovko, da se enakomerno prekrije s sirupom.
m) Moringo presejte čez pokovko in premešajte, da se prekrije. Dodajte lupine in sok yuzuja ter ponovno premešajte.
n) Postrezite takoj.

41. Moringa mandljevi polmeseci

Naredi: 3 ducate piškotov

SESTAVINE
Moringa TESTO:
- ½ skodelice veganskega masla
- ½ skodelice gladkega mandljevega masla
- ⅔ skodelice granuliranega sladkorja
- 3 žlice veganskega vanilijevega jogurta
- 1 žlica moringa čaja v prahu
- 1 čajna žlička ekstrakta vanilije
- ½ čajne žličke mandljevega izvlečka
- 2 skodelici večnamenske moke
- 1 skodelica blanširane mandljeve moke
- ¼ čajne žličke soli

KONČATI:
- ½ slaščičarskega sladkorja

NAVODILA

a) S svojim stoječim mešalnikom z nameščenim nastavkom z lopaticami zmešajte maslo, mandljevo maslo, sladkor, jogurt, modro moringo, vanilijo in mandljev izvleček. Mešajte dokler ni popolnoma homogena, rahla in puhasta.

b) V ločeni skledi zmešajte obe moki in sol. Postopoma dodajajte suhe sestavine z motorjem na najnižji možni hitrosti, dokler niso popolnoma vmešane. Začasno ustavite, da po potrebi postrgate stene posode.

c) Za vsak piškot zajemite približno majhne kroglice testa in jih med rahlo navlaženimi rokami razvaljajte, da jih oblikujete v valje. Z nežno silo pritisnite na zunanje konce, da jih spremenite v bolj koničaste rogove in jih upognite v oblike polmeseca.

d) Položite približno 1 cm narazen na nenamaščene pekače in pecite 22 - 26 minut ali dokler ni strjeno in dno rahlo porjavi. Pustite stati 2-3 minute, preden jih prestavite na rešetke, da se popolnoma ohladijo.

e) Za oblaganje potresemo s slaščičarskim sladkorjem. Postrezite ali shranite v zamrzovalnik do 3 mesece.

GLAVNA JED

42. Moringa leča kokosov kari

Naredi: 4 porcije

SESTAVINE:
- 2 čajni žlički moringe v prahu
- 1 ⅓ skodelice rdeče leče
- 1 rdeča čebula
- 3 stroki česna
- 1 strok ingverja
- 1 čajna žlička karija v prahu
- 1 čajna žlička kurkume v prahu
- 1 čajna žlička kuminovih semen
- 3 stroki kardamona, zdrobljeni
- 1 pločevinka kokosovega mleka
- 2 skodelici zelenjavne osnove
- 2 veliki pesti špinače

NAVODILA:
a) V ponvi na srednji temperaturi segrejemo olivno olje. Dodamo čebulo, česen in ingver ter pražimo nekaj minut do mehkega. Dodamo vse začimbe in kuhamo še nekaj minut.
b) Dodamo lečo in zelenjavno osnovo. Zavremo, nato zmanjšamo ogenj in pustimo vreti pet minut.
c) Dodamo kokosovo mleko in začinimo s soljo in poprom. Med rednim mešanjem kuhajte še 15-20 minut, dokler leča ni kuhana. Odstranite z ognja in vmešajte špinačo in moringo v prahu.

43. Špinača & Moringa Dhal

Naredi: 2

SESTAVINE:
- 2 zvrhani čajni žlički moringe v prahu
- 2 žlički gheeja
- 1 čebula, drobno sesekljana
- 2 majhna stroka česna, drobno sesekljana
- 1 skodelica rdeče leče
- 1 pločevinka kokosove smetane
- 500 ml sveže zelenjavne osnove
- 300 g špinače
- 2 žlički mlete kumine
- 1 čajna žlička mlete kurkume
- 1 čajna žlička mletega ingverja
- 1 čajna žlička mletega koriandra
- Ščepec curryjevih listov
- ½ kosmičev posušenega čilija
- Šopek koriandrovih stebel, drobno narezanih, listi ločeni in natrgani
- sol in poper, po okusu

SLUŽITI:
- Kokosov jogurt
- metoda:

NAVODILA:

a) V veliki ponvi segrejte ghee. Dodajte čebulo in pražite približno 5 minut ali dokler čebula ni mehka

b) Dodamo česen in koriandrova stebla ter kuhamo 1 minuto. Dodajte kumino, kurkumo, ingver, mleti koriander, curryjeve liste in čilijeve kosmiče, premešajte in pustite kuhati še eno minuto.

c) Vmešajte lečo in kuhajte 1 minuto. Dodajte pločevinko kokosove smetane in zelenjavno osnovo ter zavrite. Ogenj zmanjšamo in pustimo vreti cca. 10 minut.

d) Vmešamo špinačne liste in pustimo vreti cca. 40 minut, občasno premešajte, da se leča ne sprime in po potrebi dodajte še vročo vodo.

e) 5 minut pred koncem kuhanja vmešajte moringo v prahu.

f) Solimo in popramo. Ko je leča mehka in ima lepo kremasto konsistenco, jo odstavite z ognja in premešajte koriandrove liste, nekaj jih pustite za okras.

g) Postrezite sklede s koriandrovimi listi in dodajte kepico kokosovega jogurta ali postrezite zraven.

44. Poširan losos z zeleno zeliščno salso

Naredi: 4 porcije

SESTAVINE:
- 3 skodelice vode
- Moringa v prahu
- 2 velika fileja lososa
- 4 žlice ekstra deviškega oljčnega olja
- 3 žlice limoninega soka, sveže iztisnjenega
- 2 žlici sveže sesekljanega peteršilja
- 2 žlici bazilike, sveže sesekljane
- 2 žlici sveže sesekljanega origana
- 2 žlici azijskega drobnjaka, sveže sesekljanega
- 2 žlički listov timijana
- 2 žlički česna, mletega

NAVODILA:
a)　V velikem loncu zavremo vodo. Dodajte moringo, nato odstranite z ognja.
b)　Pustite stati 3 minute in nato presejte.
c)　Dodajte lososa in zmanjšajte ogenj.
d)　Fileje lososa prašimo, dokler v srednjem delu ne postanejo neprozorni. Lososa kuhajte 5-8 minut ali dokler ni popolnoma kuhan.
e)　Odstranite lososa iz lonca in ga odstavite.
f)　V mešalnik ali predelovalec hrane stresite vsa sveže sesekljana zelišča, oljčno olje in limonin sok. Dobro premešajte, dokler ne nastane gladka pasta. Pasto začinite s soljo in poprom. Po potrebi lahko prilagodite začimbe.
g)　Poširanega lososa postrezite na velikem krožniku in ga prelijte s pasto iz svežih zelišč.

45. Moringa in gobova juha z misom

Naredi: 2 porciji

SESTAVINE:
- Moringa v prahu
- 3 skodelice vrele vode ali zelenjavne juhe
- 1 čajna žlička olivnega olja
- ½ čajne žličke sezamovega olja
- ¼ skodelice čebule; drobno narezana
- ½ funta belih gob; tanko narezan
- ¼ skodelice korenčka; razrezana
- 1 2-palčni kos limonske trave; ali limonino lupinico
- 1 velik strok česna; mleto
- 1 žlica Miso; zavite v plastiko
- Sol in poper; okusiti

NAVODILA:
a) Moringo namočite v vodo ali osnovo, dokler se ne skuha, približno 4 minute. Sito.

b) Na srednjem ognju segrejte 1 qt težko ponev, dokler se ne segreje. Dodajte olivno in sezamovo olje. Takoj dodamo čebulo, gobe, korenček, limonsko travo ali limonino lupinico in česen. Kuhajte 4-5 minut. Dodajte čaj; počasi vreti 5 minut. Nalijte v termos.

c) Ko ste pripravljeni za uživanje, odvijte miso in ga vrzite v termo. Pokrijte in rahlo pretresite. Naredi: 1 veliko porcijo ali dve porciji po 1 skodelico.

46. Moringa piščančji curry z limeto

Naredi: 4 porcije

SESTAVINE
- 2 žlici koriandra, semena in 1 velik šopek, sesekljan
- 1 žlica kumine, semena
- 1 ½ čajne žličke moringe
- 1 ščepec sveže nastrganega muškatnega oreščka
- 6 strokov česna, nasekljanih
- 5 šalotke, narezane
- 8 Zelena paprika, brez semen in narezana
- 125 g galangala, sesekljanega
- 2 stebli limonske trave, zunanji listi odstranjeni, notranja stebla nasekljana
- 4 listi kaffir limete, sesekljani
- 2 žlici paste za kozice
- 1 Limeta, iztisnjena
- 4 žlice arašidovega olja
- 2 piščančji prsi brez kože, narezani
- 400 ml piščančje juhe
- 400 ml kokosovega mleka
- 250 g Mangetouta, grobo narezanega
- 4 majhne Bok Choy, grobo narezane
- Sol
- Črni poper, sveže mlet
- Vejice koriandra
- 2 limeti, narezani na kolesca
- 1 žlica zdrobljenega črnega popra

NAVODILA:
a) Kako narediti pikanten moringa piščančji curry z limeto
b) Semena koriandra in kumine prepražimo v suhi ponvi na zmernem ognju, da zadišijo.
c) Nalijte v mlinček za začimbe, dodajte moringo v prahu in mešajte, dokler ni fina in praškasta.
d) Preložite ga v mešalnik ali kuhinjski robot.

e) Dodajte muškatni oreššek, česen, šalotko, koriander, čili, galangal, limonsko travo, kafir, liste limete, pasto iz kozic in limetin sok.
f) Mešajte pri visoki moči, dokler ni gladka in pastasta.
g) V velikem voku na zmernem ognju segrejte 2 žlici olja.
h) Piščanca začinite s soljo in poprom, preden ga dodate v vok in med mešanjem pražite do zlate barve, približno 3-4 minute.
i) Prestavimo na krožnik.
j) Dodajte preostalo olje in nato pasto ter pražite, dokler ne začne temneti, občasno, približno 4-5 minut.
k) Vmešajte osnovo in kokosovo mleko ter zavrite.
l) Piščanca položite v omako, ga delno pokrijte s pokrovko in kuhajte na majhnem ognju približno 6-8 minut.
m) Curryju dodajte mangetout in pak choi ter kuhajte še 3-4 minute, dokler se ravno ne zmehčata.
n) Curry po okusu začinite s soljo in poprom.
o) Piščančji curry Moringa postrezite iz voka z okrasom iz vejic koriandra, nekaj rezinami limete in posipom zdrobljenega črnega popra.

47. Z moringo dimljen piščanec z mangovo riževo solato

Naredi: 4 porcije

SESTAVINE
Moringa-DIMLJEN PIŠČANEC
- 3 piščančje prsi, s kožo
- 50 g grobe morske soli
- 2 žlici moringe
- 50 g medu
- ½ žlice zdrobljenega črnega popra
- 1 l vrele vode
- 50 g riža, katere koli sorte
- 30 g sladkorja v prahu
- 20 g svetlo rjavega sladkorja

SOLATA
- 150 g rjavega riža
- 200 g stročjega fižola, obreženega in narezanega na 5 cm dolge kose
- 2 manga, pravkar zrela
- 4 žlice sesekljane sveže mete
- 4 žlice svežega koriandra, sesekljanega, plus dodatek za okras
- 2 rdeča čilija, očiščena in drobno narezana
- limeto, narezano na kline za serviranje

OBLAČENJE
- 3 žlice riževega kisa
- 1 limeta, olupljena in iztisnjena
- 3 žlice arašidovega ali repičnega olja
- 1 žlica nastrganega ingverja
- 1 strok česna, zdrobljen
- 1 čajna žlička ribje omake
- 2 čajni žlički medu

NAVODILA:

a) V skledi zmešajte vrelo vodo, morsko sol, 1 žlico moringe, med in popra v zrnu ter mešajte, dokler se vse ne raztopi. Pustite, da se popolnoma ohladi

b) Piščančje prsi dajte v plitvo nereaktivno posodo in vsako nekajkrat prebodite z ostrim nožem. Prelijemo s slanico in posodo za 3 ure postavimo v hladilnik

c) Odstranite piščanca iz slanice in zavrzite slanico. Piščančje prsi na kratko sperite, nato jih položite na krožnik in nepokrite postavite v hladilnik za 4–8 ur.

d) Pripravite smoker tako, da na dno pladnja položite riž, sladkor in preostalo moringo. Vklopite toploto

e) Ko se začnejo pojavljati kančke dima, piščančje prsi položite na rešetko na sredino, pokrijte in dimite približno 35 minut na srednje nizkem ognju. Preverite, ali so pečeni, tako da zarežete sredino – sok mora teči bister in ne sme biti rožnatega mesa.

f) Za solato kuhajte rjavi riž v veliki ponvi z vrelo vodo približno 25 minut ali dokler ni ravno al dente. Odcedite in pustite, da se ohladi

g) Stročji fižol kuhajte v vreli vodi 3 minute, nato ga sperite pod hladno vodo. Odcedite in pustite, da se ohladi.

h) Olupite mango in odrežite meso stran od koščic. Narežemo ga na tanke rezine in damo v večjo skledo. Dodajte meto, koriander, čili, stročji fižol in rjavi riž. Zmešajte skupaj

i) Zmešajte sestavine za preliv. Okusite in preverite začimbe – morda boste želeli malo več kisa, limetinega soka ali medu. Prelijemo z mešanico riža

j) Riževo solato razdelite na štiri krožnike ali sklede. Prekajene piščančje prsi narežite in postrezite na vrhu riževe solate z mangom. Okrasite z dodatnimi listi koriandra in rezinami limete.

48. Čajni dimljeni jagnječji kotleti z miso omako

Naredi: 4

SESTAVINE
- 8 pustih jagnječjih kotletov

ZA MARINADO:
- ½ rdeče čebule, olupljene in drobno sesekljane
- 2 stroka česna, olupljena in drobno sesekljana
- 5 cm košček sveže korenine ingverja, olupljen in drobno narezan
- 1 rdeč čili, očiščen in grobo narezan
- 1 žlica riževega vinskega kisa ali šerijevega kisa

ZA DIMLJENE KOTLETE:
- 8 žlic finega dimljenega čipsa
- 5 žlic nekuhanega suhega riža
- 2 žlici listov moringe

ZA KOREJSKO IN BELO MISO OMAKO ZA POMAKANJE:
- 100 g pripravljenega gochujanga
- 2 žlici riževega kisa
- 1 žlica sladkorja v prahu
- 2 žlički bele miso paste
- 1 rumenjak
- Sveže sesekljan koriander in rdeči čili za okras

NAVODILA:

a) Za pripravo marinade; v veliki plitvi skledi zmešajte vse sestavine.

b) Dodamo kotlete, pokrijemo in mariniramo 2 uri v hladilniku ali, če čas dopušča, čez noč.

c) Vok ali večjo ponev segrejte do vročine in dodajte lesne sekance. Ko se začne kaditi, dodajte suh riž. Segrevajte 2-3 minute, nato dodajte Moringo.

d) Zrezke položite v bambusov soparnik, jih pokrijte in položite na mešanico za dimljenje. Dimite 3-4 minute.

e) Za pripravo dipa; v majhni ponvi zmešajte Gochujang, rižev kis, sladkor in miso. Na majhnem ognju rahlo kuhamo, občasno premešamo. Odstavite z ognja in penasto vmešajte rumenjaka. Odstavimo, da se ohladi.

f) Kotlete pečemo pod zmerno segretim žarom ali pripravljenim žarom 2-3 minute na vsaki strani.

g) Kotlete postrezite okrašene s svežimi listi koriandra in drobno narezanim čilijem ter omako za pomakanje.

49. Moringa kuhana trska na pari

Naredi: 4 porcije

SESTAVINE
- 2 skodelici juliena olupljenega sladkega krompirja
- 1 funt trske, razrezane na 4 kose
- 2 čajni žlički moringe v prahu
- 4 žlice nesoljenega masla
- 8 vejic svežega timijana
- 4 rezine sveže limone
- 1 čajna žlička košer soli

NAVODILA:
a) Pečico segrejte na 425 stopinj F. Vzemite 4 liste pergamentnega papirja, vsakega približno 12 x 16 palcev, na polovico in nato razgrnite, da naredite gubo.
b) Na eno stran vsakega kosa pergamenta položite kup trakov sladkega krompirja in na vsakega položite kos polenovke.
c) Vsak kos ribe potresemo z 1 čajno žličko moringe, nato pa na vrh vsakega dodamo 1 žlico masla, 2 vejici timijana in rezino limone; posolite.
d) Prepognite čez pergamentni papir, da obdate nadev, in stisnite robove, da zaprete in oblikujete paket v obliki polmeseca.
e) Prestavimo v pekač in pečemo 20 minut. Odstranite pakete iz pečice in jih pustite počivati 5 do 10 minut, preden jih odprete.

OMAKE IN PESTO

50. Moringa v prahu pesto omaka

Naredi: 32 obrokov

SESTAVINE
- 1 žlica moringe v prahu
- 1 skodelica svežih listov bazilike
- ½ skodelice sveže mlade špinače
- ½ skodelice svežih ploščatih listov peteršilja
- 1 velik strok česna
- 3 ½ žlice pinjol ali mandljevih lističev
- ½ skodelice drobno naribanega parmezana
- lupina ene limone
- 1–¼ skodelice ekstra deviškega oljčnega olja
- ščepec soli
- ščepec črnega popra

NAVODILA
a) Dodajte moringo, baziliko, špinačo, peteršilj, česen, orehe, limonino lupinico, sol in poper v kuhinjski robot ali mešalnik in zmešajte v pasto.

b) Med pokapljanjem v olju dodajte sir in stročnice.

51. Moringa guacamole

SESTAVINE
- 2-4 čajne žličke moringe v prahu
- 3 Zreli avokado
- 1 majhna rdeča čebula, drobno sesekljana
- Peščica češnjevih paradižnikov, opranih in drobno narezanih
- 3 listnate veje koriandra, oprane in drobno sesekljane
- Ekstra deviško oljčno olje, za pokapljanje
- Sok 1 limete
- Začimbe: sol, poper, posušen origano, paprika in zdrobljena koriandrova semena

NAVODILA:
a) Avokado razpolovite, razkoščičite in grobo nasekljajte. Peščico grobo narezanega avokada pustite ob strani.
b) Preostale sestavine stresite v večjo skledo in z vilicami pretlačite guacamole in dobro premešajte.
c) Dodajte preostanek avokada in po vrhu potresite nekaj koriandrovih listov.

52. Moringa in humus rdeče pese

SESTAVINE
- ½ čajne žličke moringe v prahu
- 400 g pločevinke čičerike, odcejene in oprane
- 250 g kuhane rdeče pese
- 1 strok česna
- 2 žlici tahinija
- 2 žlički mlete kumine
- 100 ml ekstra deviškega oljčnega olja
- limonin sok
- Sol po okusu

NAVODILA:
a) Dodajte vse sestavine razen čičerike v mešalnik/kuhinjski robot. Mešajte do gladkega.
b) Dodajte čičeriko in ponovno mešajte, dokler ni gladka in okusna!

53. Moringa omaka

Sestavine:

1 skodelica listov moringe, sesekljanih
1 majhna čebula, drobno sesekljana
2 stroka česna, nasekljana
1 žlica oljčnega olja
1 žlička mletega ingverja
1 žlička mlete kumine
1 žlička mletega koriandra
1 žlička soli
1/2 žličke črnega popra
1/2 skodelice zelenjavne juhe
Sok 1/2 limone
navodila:

V manjši kozici na srednjem ognju segrejte olivno olje.
Dodajte sesekljano čebulo in sesekljan česen ter kuhajte, dokler čebula ne postekleni, približno 3-4 minute.
V ponev dodajte sesekljane liste moringe, mleti ingver, mleto kumino, mleti koriander, sol in črni poper. Mešajte, da se združi in kuhajte 1-2 minuti.
Prilijemo zelenjavno juho in zavremo.
Zmanjšajte toploto na nizko in pustite vreti 10-15 minut, dokler se listi moringe ne zmehčajo in se omaka zgosti.
Odstranite z ognja in pustite, da se nekoliko ohladi.
S potopnim mešalnikom ali navadnim mešalnikom zmešajte omako, dokler ni gladka.
Vmešajte limonin sok in začinite po okusu.
Postrezite toplo ali pri sobni temperaturi k vaši najljubši jedi.

SLADICA

54. Wasabi in kumarični sladoled

Naredi: 4-8

SESTAVINE:
- 1 pločevinka polnomastnega kokosovega mleka
- 2 žlici sladkorja po izbiri
- 1 kumara, narezana na majhne kocke
- ½ limete, sok
- 1 čajna žlička moringe
- 1–2 žlici wasabi paste

NAVODILA:
a) Zmešajte moringo, kokosovo mleko, sladkor, limetin sok, vasabi pasto in kumaro.
b) Če imate aparat za pripravo sladoleda, dodajte mešanico vanj in nadaljujte po navodilih proizvajalca.
c) Ali pa preprosto dajte sestavine v posodo, primerno za zamrzovanje, in zamrznite.
d) Zmes vsako uro premešajte z vilicami, dokler ni skoraj čvrsta.

55. Moringa in jagodna torta

SESTAVINE:
- 190 gramov večnamenske moke
- 10 gramov moringe v prahu
- 15 gramov tapiokine moke
- 1 čajna žlička pecilnega praška brez aluminija
- 1/2 čajne žličke sode bikarbone
- 100 gramov sladkorja
- 1 skodelica sojinega mleka ali rastlinskega mleka po izbiri
- 70 gramov nevtralnega olja
- 1 žlica belega kisa
- veganska stepena smetana
- Jagode ali maline, narezane, za okras

NAVODILA:
a) Pečico segrejte na 375ºF.
b) Pekač obložite s peki papirjem.
c) V veliki skledi počasi vmešamo mleko v olivno olje. Nadaljujte z mešanjem, dokler zmes ni emulgirana. Dodamo sladkor in dobro premešamo.
d) V isto skledo dodajte presejane suhe sestavine in mešajte, dokler se ravno ne povežejo. Dodamo beli kis in dobro premešamo.
e) Testo vlijemo v pripravljen model.
f) Pečemo približno 20-25 minut oziroma dokler zobotrebec ne izstopi čist. Pred okrasitvijo naj se popolnoma ohladi.
g) Torto okrasite z jagodami in stepeno smetano.

56. Moringa mandljevi sladoledi

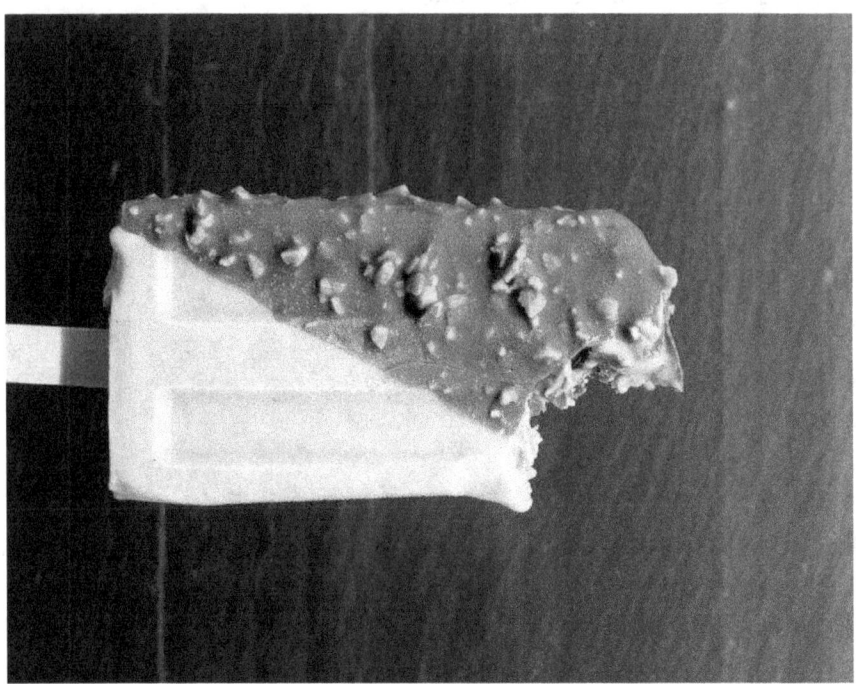

Naredi: 4

SESTAVINE:
- 2 skodelici mandljevega masla
- 2 žlici mandljevega olja
- 1 čajna žlička moringe
- ¼ skodelice eritritola
- Pest mandljevih oreščkov

NAVODILA:
a) Vse sestavine dajte v mešalnik in mešajte, dokler se popolnoma ne zmešajo, približno 30 sekund.
b) Mešanico vlijte v 8 modelčkov za sladoled, pri čemer potrkajte po kalupih, da odstranite zračne mehurčke.
c) Zamrznite vsaj 8 ur ali čez noč.
d) Odstranite sladoledne sladolede iz kalupov. Če je sladoled težko odstraniti, modelčke za kratek čas spustite pod vročo vodo in sladoled se bo zrahljal.

57. Moringa rožičeve skodelice

Naredi: 4

SESTAVINE:
- ⅔ skodelice rožičevega masla
- ¾ skodelice rožičevega prahu
- ⅓ skodelice javorjevega sirupa
- ½ skodelice masla iz indijskih oreščkov
- 2 čajni žlički moringe v prahu
- Morska sol

NAVODILA:
a) Malo ponev napolnite s ⅓ skodelico vode in na vrh postavite skledo, ki pokrije ponev. Ko je skleda vroča in voda pod njo vre, stopite rožičevo maslo v skledi, prižgite ogenj in. Ko se stopi, jo odstavimo z ognja in nekaj minut vmešamo javorjev sirup in rožičev prah, da se čokolada zgosti.

b) S srednje velikim držalom za kolačke napolnite spodnjo plast z izdatno žlico čokoladne mešanice. Ko napolnite vse posodice za kolačke, jih za 15 minut postavite v zamrzovalnik, da se strdijo.

c) Zamrznjeno čokolado vzemite iz zamrzovalnika in na zamrznjeno čokoladno plast nanesite 1 žlico maslenega testa iz moringe/indijskih oreščkov. Takoj, ko je to končano, vsako kepico prelijemo s preostalo stopljeno čokolado, tako da prekrije vse. Potresemo z morsko soljo in pustimo 15 minut v zamrzovalniku.

58. Moringa Fudge

Naredi: 4

SESTAVINE:
- 85 g praženega mandljevega masla
- 60 g ovsene moke
- 4 čajne žličke moringe v prahu
- 168 g beljakovin v prahu
- 10 kapljic limone
- 1 čajna žlička izvlečka stevije
- 1 skodelica nesladkanega vanilijevega mandljevega mleka
- 4 unče temne čokolade, stopljene

NAVODILA:
a) V ponvi stopite mandljevo maslo in dodajte ovseno moko, moringo v prahu, beljakovine v prahu, limonine kapljice in stevio. Dobro premešaj.
b) Zdaj prilijte mleko in nenehno mešajte, dokler se dobro ne združi.
c) Mešanico prenesite v pekač za hlebce in ohladite, dokler se ne strdi.
d) Po vrhu pokapljamo s stopljeno čokolado in ponovno ohladimo, da se čokolada strdi.
e) Narežite na 5 ploščic in uživajte.

59. Superfood sladoled

SESTAVINE

ZA SLADOLEDNO MEŠANICO:
- Polnomastno kokosovo mleko v pločevinki 13,5 unč
- ¼ skodelice organskega zrnatega sladila
- 2 čajni žlički organske moringe v prahu
- 1 čajna žlička organskega baobaba v prahu

ZA DODATAK:
- ½ skodelice bio surovih kakavovih zrn

NAVODILA:

a) Dodajte vse sestavine za sladoledno zmes v Vitamix in mešajte, dokler ni dobro združena in gladka.

b) Mešanico za sladoled vlijte v aparat za sladoled in jo pripravite po navodilih aparata.

c) Ko sladoledar konča s pripravo sladoleda, ročno vmešajte kakavove zrne.

60. Moringa in borovničev sorbet

Naredi: 2 porciji

SESTAVINE:
- 1 čajna žlička moringe v prahu
- 1 skodelica zamrznjenih borovnic
- 1 zamrznjena banana
- ¼ skodelice kokosovega mleka

NAVODILA:
a) Dodajte vse sestavine v mešalnik ali kuhinjski robot in mešajte, dokler ni gladka.
b) Po potrebi dodajte več tekočine.

61. Moringa Key limetina pita

Naredi: 12

SESTAVINE:
ZA SKORICO:
- 2 skodelici brazilskih oreščkov/pekan oreščkov/indijskih oreščkov
- ¼ skodelice posušenega kokosa
- 1 skodelica Medjool datljev

ZA NADEV:
- 2 čajni žlički moringe v prahu
- 1 ½ skodelice indijskih oreščkov, namočenih
- 1 avokado
- sok 3 limet
- ¼ skodelice kokosovega olja, stopljenega
- ½ skodelice kokosove smetane v pločevinkah
- ⅓ skodelice surovega medu/javorjevega sirupa/agavinega nektarja

NAVODILA:
ZA SKORICO:
a) Oreščke zmešajte v kuhinjskem robotu, dokler niso fini.
b) Dodajte preostale sestavine in premešajte, da dobite testo.
c) Skorjo enakomerno potisnite v vzmetni model za torte ali 4-6 miniaturnih posod za torte.

ZA NADEV:
d) Vse sestavine zmešajte v močnem mešalniku do zelo gladkega.
e) Prelijemo na skorjo in zamrznemo za 2-3 ure.
f) Odstranite iz zamrzovalnika 10-15 minut pred serviranjem.

62. Skodelice z moringo in limono

Naredi: 10

SESTAVINE:
- ½ skodelice kokosovega masla
- ½ skodelice makadamije
- ½ skodelice kakavovega masla
- ¼ skodelice kokosovega olja
- ¼ skodelice Swerve, v prahu
- 1 žlica limonine lupinice, drobno naribane
- 1 čajna žlička moringe v prahu

NAVODILA:
e) Začnite tako, da vse sestavine, razen limonine lupinice in moringe, minuto zmešate v kuhinjskem robotu, da se vse povežejo.
f) Mešanico razdelite v dve skledi. Preden ga razdelite na pol, ga je treba čim bolj enakomerno razpoloviti.
g) Moringa v prahu je treba dati v ločeno skledo. V določeni jedi združite limonino lupinico in ostale sestavine.
h) Pripravite 10 mini skodelic za mafine, tako da jih do polovice napolnite z mešanico moringe in jih nato prelijete z žlico in pol vaše limonine mešanice. Dati na stran. Prepričajte se, da je stal v hladilniku vsaj eno uro, preden ga postrežete.

63. Moringa sladoled

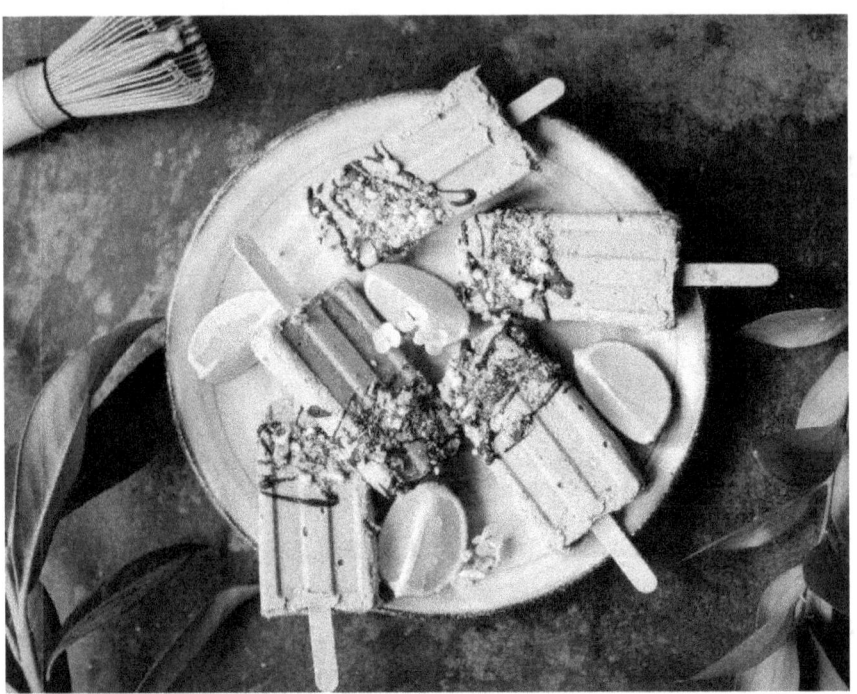

Naredi: 4

SESTAVINE:
- 2 skodelici nesladkane kokosove smetane, ohlajene
- 2 žlici kokosovega olja
- 1 čajna žlička moringe
- ¼ skodelice eritritola ali zrnca Swerve

NAVODILA:
e) Postavite vse SESTAVINE: v mešalnik in mešajte, dokler se popolnoma ne zmešajo, približno 30 sekund.
f) Mešanico vlijte v 8 modelčkov za sladoled, pri čemer potrkajte po kalupih, da odstranite zračne mehurčke.
g) Zamrznite vsaj 8 ur ali čez noč.
h) Odstranite sladoledne sladolede iz kalupov. Če je sladoled težko odstraniti, modelčke za kratek čas spustite pod vročo vodo in sladoled se bo zrahljal.

64. Moringa sladoled

Naredi: 2

SESTAVINE:
- Moringa v prahu, tri žlice
- Pol in pol, dve skodelici
- Košer sol, ščepec
- Sladkor, pol skodelice

NAVODILA:
a) V srednje veliki ponvi zmešajte pol in pol, sladkor in sol.
b) Mešanico začnite kuhati na srednjem ognju in dodajte moringo v prahu.
c) Odstranite z ognja in mešanico prenesite v skledo v ledeni kopeli. Ko se zmes ohladi, jo pokrijte s plastično folijo in ohladite v hladilniku.
d) Vaša jed je pripravljena za postrežbo.

65. Moringa skodelice indijskih oreščkov

Naredi: 4

SESTAVINE:
- ⅔ skodelice kakavovega masla.
- ¾ skodelice kakava v prahu.
- ⅓ skodelice javorjevega sirupa.
- ½ skodelice masla iz indijskih oreščkov ali katerega koli po želji.
- 2 čajni žlički moringe v prahu.
- Morska sol.

NAVODILA:
d) Malo ponev napolnite s ⅓ skodelico vode in na vrh postavite skledo, ki pokrije ponev. Ko je skleda vroča in voda pod njo vre, stopite kakavovo maslo v skledi, prižgite ogenj in. Ko se stopi, jo odstavimo z ognja in nekaj minut mešamo javorjev sirup in kakav v prahu, da se čokolada zgosti.

e) S srednje velikim držalom za kolačke napolnite spodnjo plast z izdatno žlico čokoladne mešanice. Ko napolnite vse posodice za kolačke, jih za 15 minut postavite v zamrzovalnik, da se strdijo.

f) Zamrznjeno čokolado vzemite iz zamrzovalnika in na zamrznjeno čokoladno plast nanesite 1 žlico maslenega testa iz moringe/indijskih oreščkov. Takoj, ko je to končano, vsako kepico prelijemo s preostalo stopljeno čokolado, tako da prekrije vse. Potresemo z morsko soljo in pustimo 15 minut v zamrzovalniku.

66. Moringa Fudge

Naredi: 4

SESTAVINE:
- Maslo iz praženih mandljev, 85 g
- Ovsena moka, 60 g
- Nesladkano vanilijevo mandljevo mleko, 1 skodelica
- Beljakovine v prahu, 168 g
- Temna čokolada, 4 unče stopljene
- Moringa v prahu, 4 čajne žličke
- Izvleček stevije, 1 čajna žlička
- Limona, 10 kapljic

NAVODILA:
f) V ponvi stopite maslo in dodajte ovseno moko, čaj v prahu, beljakovine v prahu, limonine kapljice in stevio. Dobro premešaj.
g) Zdaj prilijte mleko in nenehno mešajte, dokler se dobro ne združi.
h) Mešanico prenesite v pekač za hlebce in ohladite, dokler se ne strdi.
i) Po vrhu pokapljamo s stopljeno čokolado in ponovno ohladimo, da se čokolada strdi.

67. Moringa krema

Naredi: 2

SESTAVINE:

- 1 skodelica polnomastnega mleka
- ¾ skodelice sladkorja
- 4 žlice moringe v prahu
- 2 skodelici težke smetane

NAVODILA:

a) V srednji ponvi zmešajte mleko, sladkor in moringo ter mešajte, dokler se prašek moringe ne raztopi. Pustite vreti na srednjem ognju in mešajte, dokler se sladkor ne raztopi. Odstavite z ognja in vmešajte smetano.

b) Ohladite na sobno temperaturo, nato pokrijte in postavite v hladilnik, dokler se dobro ne ohladi, 3 do 4 ure ali čez noč.

c) Ohlajeno zmes vlijemo v aparat za sladoled in zamrznemo po navodilih.

d) Sladoled prestavimo v posodo, primerno za zamrzovanje, in jo postavimo v zamrzovalnik. Pred serviranjem pustite, da se strdi 1 do 2 uri.

68. Moringa persimmon

Naredi: 2

SESTAVINE:
- 1 skodelica grškega jogurta
- 1 čajna žlička moringe
- ½ čajne žličke vanilijevega ekstrakta
- 1 žlica medu

PRELIV
- Kaki
- Sezamovi grozdi

NAVODILA:
a) Združite vse sestavine v skledi.

69. Sladoled z absintom in meringue

Naredi: približno 1 kvart

SESTAVINE:
- ⅔ skodelice polnomastnega mleka
- 1 žlica plus 2 žlički koruznega škroba
- 4 žlice kremnega sira, zmehčanega
- ½ čajne žličke moringe v prahu
- ⅛ čajne žličke fine morske soli
- 1½ skodelice težke smetane
- ¾ skodelice sladkorja
- ¼ skodelice lahkega koruznega sirupa
- 1¼ skodelice absinta, pernoda ali pastisa
- ½ čajne žličke izvlečka janeža
- 1 skodelica zdrobljene meringe izMeringue torta

NAVODILA:
a) Zmešajte približno 2 žlici mleka s koruznim škrobom v majhni skledi, da dobite gladko zmes.
b) V srednji skledi stepite kremni sir, moringo in sol do gladkega.
c) Napolnite veliko skledo z ledom in vodo.
d) Kuhanje Zmešajte preostalo mleko, smetano, sladkor in koruzni sirup v 4-litrski ponvi, zavrite na srednje močnem ognju in vrejte 4 minute. Odstranite z ognja in postopoma vmešajte zmes iz koruznega škroba. Mešanico ponovno zavrite na srednje močnem ognju in kuhajte, mešajte s toplotno odporno lopatico, dokler se rahlo ne zgosti, približno 1 minuto. Odstranite z ognja.
e) Ohladite Mešanico vročega mleka postopoma vmešajte v kremni sir, dokler ni gladka. Mešanico nalijte v 1-galonsko zamrzovalno vrečko Ziplock in zaprto vrečko potopite v ledeno kopel. Pustite stati in po potrebi dodajte več ledu, dokler se ne ohladi, približno 30 minut.
f) Zamrznitev Odstranite zamrznjeno posodo iz zamrzovalnika, sestavite svoj aparat za sladoled in ga vklopite. Sladoledno osnovo vlijemo v posodo in centrifugiramo, da postane gosta in kremasta.
g) Sladoled zapakirajte v posodo za shranjevanje. Vmešajte absint in izvleček janeža ter sproti vmešajte koščke meringue. Pritisnite list pergamenta neposredno ob površino in ga zaprite z nepredušnim pokrovom. Zamrznite v najhladnejšem delu zamrzovalnika.

70. Moringa sorbet

Naredi: 4 porcije

SESTAVINE:
- ¾ skodelice sladkorja
- 3 skodelice vroče kuhane moringe

NAVODILA:
a) V čaju raztopimo sladkor in pustimo v hladilniku, da se dobro ohladi.
b) Zamrznite v zamrzovalniku za sladoled po navodilih proizvajalca.

71. Puding s chia semeni

Naredi: 1

SESTAVINE
- ¼ skodelice črnih chia semen
- 1 skodelica rastlinskega mleka
- ½ limete, sveže iztisnjen sok limete
- ⅛ čajne žličke ašvagande v prahu
- ščepec stroka vanilije v prahu
- 1 čajna žlička moringe v prahu
- 1 majhen košček sveže naribanega ingverja

NAVODILA:
a) V veliki skledi zmešajte chia semena z mlekom in limetinim sokom.

b) Zmešajte ašvagando, vanilijo, moringo in ingver. Postavite v hladilnik in ponovno premešajte čez 15-30 minut.

c) Mešanico za puding pokrijte in čez noč za 2-8 ur namočite v hladilnik, da chia razcveti v puding.

72. Sladoled Pistacija Moringa

Naredi: 8 majhnih sladoledov

SESTAVINE:
- 2 čajni žlički moringe v prahu
- ½ skodelice oluščenih pistacij
- ½ skodelice indijskih oreščkov
- ½ skodelice kokosovega mleka
- 1 skodelica kokosovega mesa
- 2 žlički paste iz stroka vanilije
- ¼ skodelice javorjevega sirupa
- 3 žlice stopljenega kokosovega olja
- 100 g kakovostne temne čokolade ali raw čokolade, stopljene

NAVODILA:

a) Pistacije in indijske oreščke zmešajte v kuhinjskem robotu ali zmogljivem mešalniku in stepite v drobne drobtine.

b) Dodajte kokosovo mleko, kokosovo meso, vanilijo, moringo v prahu in javor ter mešajte, dokler ni gladka.

c) Mešalnik naj teče, medtem ko vlivate stopljeno kokosovo olje. To bi moralo ustvariti čudovito kremasto konsistenco v mešanici.

d) Vlijemo v modelčke za sladoled ali ramekine in zamrznemo za 2-3 ure, da se strdi.

e) Za serviranje sladolede vzemite iz modelčkov, jih položite na pladenj, obložen s papirjem za peko, in pokapajte s stopljeno čokolado.

f) Ponovno postavimo v hladilnik, da se strdi za minuto ali dve in nato postrežemo.

73. Jagoda, oves in moringa

Naredi: 2

SESTAVINE:
- 1 skodelica staromodnega ovsa
- 2 ¼ skodelice večnamenske moke
- ⅔ skodelice sladkorja
- 1 žlica pecilnega praška
- 2 žlici moringe, presejane
- ½ čajne žličke soli
- 1 ¼ skodelice mleka
- 2 žlički vanilijevega ekstrakta
- 2 jajci, pretepeni
- 6 oz posoda nemastnega grškega jogurta
- ⅓ skodelice kokosovega olja, v tekočem stanju
- 1 lb ekoloških jagod, narezanih na ¼" koščke
- Sprej proti prijemanju
- brusni sladkor, za zaključek

NAVODILA:

f) Pečico segrejemo na 200 stopinj Celzija. V vsak model položite 8 podlog za kolačke, nato pa nanje narahlo poškropite premaz proti prijemanju.

g) V eni posodi za mešanje zmešajte vse suhe sestavine. V drugi posodi za mešanje zmešajte vse mokre sestavine. Počasi vmešajte mokre sestavine v suhe, dokler se ravno ne premešajo. Nežno vmešamo na kocke narezane jagode. Z žlico ali zajemalko za sladoled napolnite podloge, dokler testo ne doseže zgornjega roba podloge.

h) Po vrhu potresemo s sladkorjem za hrustljavo skorjico mafinov.

i) Muffine prvih 10 minut pečemo pri 200 stopinjah Celzija, nato znižamo temperaturo na 80 stopinj Celzija še približno 12-15 minut, dokler vrhovi ne postanejo rahlo zlati in zobotrebec ne izstopi iz njih.

j) Ko so mafini dovolj ohlajeni, jih prestavite na rešetko za hlajenje. Če mafine postrežete takoj, se lahko prilepijo na podloge. Počakajte, da se popolnoma ohladijo in se morajo zlahka sprostiti.

74. Moringa, datlji in banana Nice Cream

Naredi: 2

SESTAVINE:
- 5 zamrznjenih banan
- Kokosova voda
- 2 Datumi
- 1 žlica moringe v prahu

NAVODILA:
a)   Vse sestavine dajte skozi kuhinjski robot
b)   Postrezite v lepi skledi
c)   Okrasite s prelivom po izbiri.

75. Banana Moringa Nice Cream

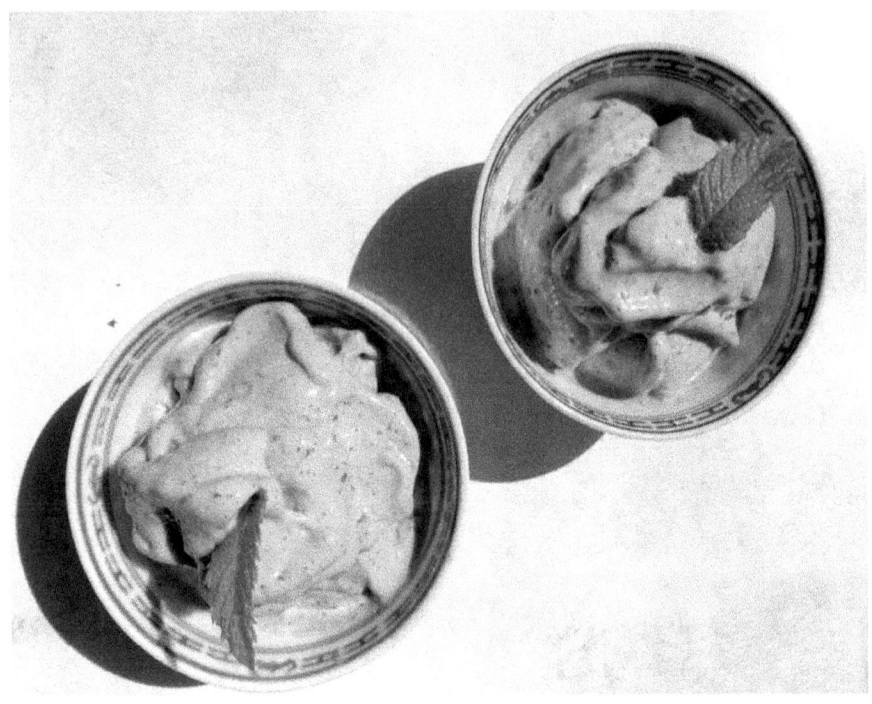

Naredi: 2-3 porcije

SESTAVINE:
- 2 veliki banani, olupljeni, narezani na koščke in nato zamrznjeni
- 1 čajna žlička moringe v prahu

NAVODILA:
a) Koščke banan položite v kuhinjski robot z rezilom S in vklopite aparat.
b) Pustite motor delovati, dokler banane ne dobijo super kremaste teksture, tako kot mehak sladoled.
c) Ko banane postanejo kremaste, dodajte moringo v prahu in zmešajte.
d) Postrezite takoj.

76. Moringa in malinovi prijatelji

Naredi: 4

SESTAVINE:
- 95 g nesoljenega masla, narezanega na kocke
- 135 g beljakov
- 150 g granuliranega sladkorja
- 100 g mandljevega zdroba
- 60 g moke
- 12 g moringe
- ščepec soli
- Po želji: sveže/zamrznjene maline

NAVODILA:
a) Pekače za mafine temeljito namastite z maslom in jih zmerno potresite z moko.

b) V ponvi na nizkem srednjem ognju segrejte maslo in pustite, da se zlato rjavo zapeče.

c) Ugasnite ogenj in jo odstavite z ognja, ko je zlato rjava, sicer bo zelo hitro prešla iz zlato rjave v črno. Pustite, da se ohladi na sobno temperaturo, medtem ko pripravite ostale sestavine.

d) V skledo dajte sladkor, moko in mlete mandlje, moringo v prahu in sol skupaj. Suhe sestavine malo premešamo.

e) Dodajte maslo in stepajte, da se združi.

f) Med stepanjem počasi dodajajte beljake, da se mešajo. Beljakom ni treba narediti preveč volumna. Vse to naredim ročno, saj potrebuješ le, da se testo poveže.

g) Maso za friends vlijemo v namaščene modelčke za mafine. Na sredino frenda položite malino. Pečemo v predhodno ogreti pečici na 190 stopinj približno 15 minut, oziroma toliko časa, da se na dotik ponovno dvigne.

h) Pustite, da se nekoliko ohladi v modelih za mafine, preden jih odstranite iz kalupa. Pred serviranjem jih popolnoma ohladite na rešetki.

77. Moringa tartufi

Naredi: približno 50 tartufov

SESTAVINE:
- 225 gramov težke smetane
- ¼ skodelice javorjevega sirupa
- 2 žlici rjavega sladkorja
- 1 žlica moringe in še ena žlica za posip
- 340 gramov grenke čokolade, drobno sesekljane
- Ščepec moringa soli ali košer soli

NAVODILA:
a) V majhni kozici na rahlem ognju zavrite smetano, dodajte javorjev sirup in rjavi sladkor ter mešajte, dokler se ne raztopita, približno 2 minuti.
b) Dodajte 1 žlico Moringe, mešajte, dokler se ne raztopi, in odstavite.
c) Čokolado dajte v večjo posodo za mešanje in vlijte mešanico smetane. Dobro premešamo in vlijemo v pekač obložen s peki papirjem. Zgladite ga z gumijasto lopatico. Ohladite v hladilniku približno eno uro.
d) Z žlico zajemite zvrhano čajno žličko in z dlanmi naredite kroglico. Ponavljajte, dokler ne porabite vse čokolade – na koncu bi morali dobiti približno 50 tartufov.
e) Položite jih na pladenj ali krožnik in jih poprašite z dodatno moringo z uporabo finega cedila. Vrh z zelo rahlim škropljenjem Moringe.

SMOOTHIJE IN KOKTAJLI

78. Moringa Smoothie

Naredi: 1 porcijo

SESTAVINE
- 1 skodelica mandljevega mleka
- 1 žlica moringe v prahu
- 1 zamrznjena banana ali narezan ananas

NAVODILA

a) V hitri mešalnik dodajte mandljevo mleko, moringo in zamrznjeno banano ali ananas.

b) Procesirajte, dokler smuti ni gladek in kremast. Postrezite takoj.

79. Brokoli Por Kumarični smoothie

Naredi: 2

SESTAVINE:
- 1 skodelica brokolija
- 2 žlici masla iz indijskih oreščkov
- 2 por
- 2 kumari
- 1 limeta
- ½ skodelice zelene solate
- ½ skodelice listne solate
- 1 žlica moringe
- 1 skodelica zdrobljenega ledu

NAVODILA:
a) Zmešajte v mešalniku.
b) Postrezite.

80. Kakavov špinačni smoothie

Naredi: 2

SESTAVINE:
- 2 skodelici špinače
- 1 skodelica borovnic, zamrznjena
- 1 žlica temnega kakava v prahu
- ½ skodelice nesladkanega mandljevega mleka
- ½ skodelice zdrobljenega ledu
- 1 čajna žlička medu
- 1 žlica moringe v prahu

NAVODILA:
a) Zmešajte v mešalniku
b) Postrezite

81. Moringa shake

Naredi: 4 porcije

SESTAVINE:
- ¾ skodelice mandljev
- ¾ skodelice izkoščičenih datljev
- 1 žlica moringe
- 3 skodelice filtrirane vode
- ½ čajne žličke mace v prahu
- 1 skodelica ledu

NAVODILA:
a) Zmešajte mandlje, datlje, moringo, vodo, maco in led v svojem hitrem mešalniku in mešajte do gladkega. Dodajte led in mešajte, dokler se dobro ne premeša.

b) Najbolje je, da ga postrežemo takoj, vendar bo v hladilniku zdržal več dni.

82. Vanilla Moringa Avokado Shake

Naredi: 2

SESTAVINE:
- 1½ skodelice mandljevega mleka
- 2 merici vanilijevega beljakovinskega prahu
- ¼ čajne žličke vanilijevega ekstrakta
- ½ izkoščičenega in olupljenega avokada
- 2 čajni žlički moringe v prahu
- 1 pest špinače

NAVODILA:
a) Mešajte do gladkega.
b) Po potrebi poskusite in prilagodite led ali sestavine.

83. Moringa in metin čaj

Naredi: 2 porciji

SESTAVINE:
- 1 mini merica moringe v prahu
- Metin sirup
- Ohlajena voda
- Led

NAVODILA:
d) V skodelici zmešajte prašek Moringe in sirup.
e) Do ¾ dolijemo vodo.
f) Premešajte in dodajte led za polnjenje.

84. Smoothie iz moringe, mace, lanenih semen in tahinija

Naredi: 1 kozarec

SESTAVINE:
- ½ skodelice rastlinskega mleka
- 1 velika banana
- ½ skodelice zamrznjenih borovnic
- ½ skodelice svežih malin
- 1 zvrhana žlička moringe v prahu
- 1 zvrhana žlička mletega lanenega semena
- 1 zvrhana žlička mace
- 1 zvrhana žlička tahinija

NAVODILA:
a) Vse sestavine dajte skupaj v vrč za mešanje.
b) Mešajte do kremastega smutija.
c) Potresemo z malo ekstra mletega lanu ali svežih jagod.
d) Najbolje postreženo takoj.

85. Hladilnik za gin z jabolkom, rožmarinom in moringo

Naredi: 2

SESTAVINE:
- 1 čajna žlička moringe v prahu
- 3 zelena jabolka
- 3 žlice gina
- 1 žlica medu
- 2 žlici limoninega soka
- 2 vejici rožmarina
- Soda voda
- Led

NAVODILA:
a) Jabolkom in soku odstranite sredico. V stresalnik za koktajle ali posodo s pokrovom dodajte jabolčni sok, limonin sok, moringo v prahu, med in gin ter močno pretresite.
b) V dva ohlajena kozarca prelijemo z ledom, dodamo vejico rožmarina, dodatne rezine jabolka in dolijemo soda vodo za redkejši koktajl.

86. Voda moringe, mete, limone in limete

SESTAVINE:
- 1-2 čajni žlički moringe v prahu
- 1 liter ohlajene vode
- 2 limeti, narezani na tanke rezine
- 2 limoni, narezani na tanke rezine
- velika pest svežih listov mete

NAVODILA:
a) Vse sestavine dodajte v veliko steklenico ali steklen vrč.
b) Pustite stati vsaj 2 uri v hladilniku, preden postrežete z veliko ledu.

87. Moringa probiotični kefir smoothie

Naredi: 1

SESTAVINE:
- 1 čajna žlička moringe v prahu
- 300 ml kefirja iz kokosovega mleka
- majhna pest ohrovta ali špinače
- ½ avokada
- 1 banana
- 1 žlica kolagena v prahu
- 1 žlica sončničnih semen
- 1 čajna žlička lanenih semen
- 3 kocke ledu

NAVODILA:
a) Vse sestavine dajte v mešalnik in mešajte do gladkega.
b) Nalijemo v kozarec in okrasimo z jedilnimi cvetovi in posušenim kokosom.

88. Bananin čokoladni smoothie Moringa

Naredi: 2

SESTAVINE:
- ½ čajne žličke moringe v prahu
- 2 žlici super kakava v prahu
- 1 banana
- ½ avokada
- 2 datlja Medjool
- 1 ½ skodelice nemlečnega mleka

NAVODILA:
a) Vse sestavine dodajte v mešalnik in mešajte do gladkega.
b) Po želji postrezite s kakavovimi zrnci.

89. Moringa avokadov smoothie

Naredi: 3

SESTAVINE:
- ½ avokada, olupljenega in narezanega na kocke
- ⅓ kumare
- 2 skodelici špinače
- 1 skodelica kokosovega mleka
- 1 skodelica mandljevega mleka
- 1 čajna žlička moringe v prahu
- ½ limetinega soka
- ½ merice vanilijevega beljakovinskega prahu
- ½ čajne žličke chia semen

NAVODILA:
a) Avokadovo meso zmešajte s kumaro in ostalimi sestavinami v mešalniku do gladkega.
b) Postrezite.

90. Brokoli Moringa smoothie

Naredi: 2

SESTAVINE:
- 1 skodelica brokolija
- 2 žlici kokosovega masla
- 1 limeta
- 1 žlica moringe
- 1 skodelica zdrobljenega ledu

NAVODILA:
c) Zmešajte v mešalniku.
d) Postrezite.

91. Moringa Kale Smoothie

Naredi: 2

SESTAVINE:
- 2 skodelici ohrovta
- 1 skodelica borovnic, zamrznjena
- 1 žlica temnega kakava v prahu
- ½ skodelice nesladkanega kokosovega mleka
- ½ skodelice zdrobljenega ledu
- 1 čajna žlička medu
- 1 žlica moringe v prahu

NAVODILA:
c) Zmešajte v mešalniku
d) Postrezite

92. Moringa MCT shake

Naredi: 4 porcije

SESTAVINE:
- ¾ skodelice mandljev
- ¾ skodelice izkoščičenih datljev
- 1 žlica moringe
- 3 skodelice filtrirane vode
- ½ čajne žličke mct olja
- 1 skodelica ledu

NAVODILA:
c) Zmešajte mandlje, datlje, moringo, vodo, MCT olje in led v svojem hitrem mešalniku in mešajte do gladkega.
d) Dodajte led in mešajte, dokler se dobro ne premeša.
e) Najbolje je, da ga postrežemo takoj, vendar bo v hladilniku zdržal več dni.

93. Smoothie z moringo in ingverjem

Naredi: 2

SESTAVINE:
- 1 Anjou hruška, narezana
- ¼ skodelice belih rozin ali suhih murv
- 1 čajna žlička sveže mletega ingverja
- 1 velika pest sesekljane zelene solate
- 1 žlica konopljinih semen
- 1 skodelica nesladkane kuhane Moringe, ohlajene
- 7 do 9 kock ledu

NAVODILA:
a) Vse sestavine, razen ledu, dajte v Vitamix in obdelajte, dokler ne postane gladka in kremasta.
b) Dodajte led in ponovno obdelajte. Pijte ohlajeno.

94. <u>Moringa Limeade</u>

Naredi: 20 obrokov

SESTAVINE:
- 2 skodelici vrele vode
- Moringa v prahu
- 2 pločevinki po 12 unč zamrznjenega koncentrata limete
- Okras: rezine limete

NAVODILA:
a) V čajniku zmešajte vrelo vodo in moringo. Pustite stati 10 minut; pustimo, da se čaj nekoliko ohladi.
b) V velikem vrču pripravite zamrznjeno limetino po navodilih na embalaži.
c) Vmešajte čaj; pokrijte in ohladite. Okrasite z rezinami limete.
d) Rdeči sok iz kozarcev maraskino prihranite. Malo ga vmešajte v punč, limonado, ingverjevo pivo ali mleko za sladko rožnato pijačo, ki jo bodo otroci oboževali.

95. Mint čokoladni šejk

Naredi: 2

SESTAVINE:
- 2 merici čokoladnih beljakovin v prahu
- 12 unč moringe z okusom mete
- 1 žlica surovega kakava v prahu
- 1 žlica kakavovih zrn
- 3 ledene kocke

NAVODILA:
a) Vse sestavine stresite v mešalnik za 30-60 sekund.

96. Moringa Rum Shake

Naredi: 2

SESTAVINE:
- 1½ skodelice mandljevega mleka
- ¼ čajne žličke ekstrakta ruma
- ½ izkoščičenega in olupljenega avokada
- 2 čajni žlički moringe v prahu

NAVODILA:
c) Mešajte do gladkega.
d) Po potrebi poskusite in prilagodite led ali sestavine.

97. Moringa in kokosov frape

Naredi: 2

SESTAVINE:
- Led + kokosovo mleko
- 1 merica jogurtovega frapeja
- 1 mini merica moringe v prahu

NAVODILA:
a) Napolnite skodelico z ledom, poravnajte z vrhom skodelice
b) Čez led prelijemo mleko
c) Vsebino skodelice vlijemo v vrč mešalnika
d) Dodajte frape in Moringo
e) Tesno zaprite pokrov in mešajte do gladkega

98. Moringa in jagodni frape

Naredi: 2

SESTAVINE:
- Led + mleko
- 1 mini merica moringe v prahu
- 2 črpalki jagodnega sirupa brez sladkorja
- 1 merica frapeja iz bele čokolade

NAVODILA:
a) Napolnite skodelico z ledom do vrha skodelice
b) Čez led prelijemo mleko
c) Vsebino skodelice vlijemo v vrč mešalnika
d) Dodajte moringo, sirup in frappé v prahu
e) Mešajte do gladkega

99. Jogurtov smoothie Moringa

Naredi: 2

SESTAVINE:
- ½ skodelice jogurta
- 2 žlici medu ali sladkorja
- ½ skodelice ledenih kock
- 1 čajna žlička moringe

NAVODILA:
a) Samo dajte vse sestavine v mešalnik in jih zmešajte.

100. Moringa sadni smoothie

Naredi: 2

SESTAVINE:
- ¼ skodelice jagod
- ½ skodelice jogurta
- ½ skodelice ledenih kock
- 1 čajna žlička moringe

NAVODILA:
a) Sestavine zmešajte v električnem mešalniku in nato zmes vlijte v visok razred. Priporočljivo je, da ga popijete takoj po pripravi.
b) Dodate lahko kivi, banane, mango in okuse mete ali ingverja, vse je odvisno od vas in vaših želja.

ZAKLJUČEK

Skratka, moringa je neverjetno hranljiva in vsestranska rastlina, ki jo lahko uporabite v različnih receptih. Od smutijev do solat in juh, obstaja nešteto načinov, kako moringo vključiti v svojo prehrano. Če preizkusite nekaj receptov za moringo, ki smo jih delili v tem članku, lahko uživate v številnih zdravstvenih koristih tega superživila, hkrati pa si privoščite okusne in zadovoljive obroke. Zato kar naprej in preizkusite te recepte – vaše brbončice in telo vam bosta hvaležna!

www.ingramcontent.com/pod-product-compliance
Lightning Source LLC
LaVergne TN
LVHW021703060526
838200LV00050B/2483